MARLIES SCHILLER

DAS GROSSE JAHRESZEITEN BASTELBUCH

52 IDEEN FÜR 52 KREATIVE WOCHEN

AB 8 JAHREN

CV

INHALT

	PROJEKTE	ANLÄSSE
HERBST		
68	Lavendelsäckchen	Stoff und Wolle
70	Pinata-Überraschung!	Geschenke
72	Fingerstricken	Stoff und Wolle
74	Schmuckschälchen	Geschenke
76	Herbstkranz	Garten
78	Stoppersocken	Praktisches
80	Schlüsselanhänger	Praktisches
82	Klasse Kürbisköpfe	Halloween
84	Halloween-Deko	Halloween
WINTER		
88	Glitzerkerzenständer	Geschenke
90	Gebrannte Mandeln	Süßes
92	Festliche Lichter	Geschenke
94	Weihnachtsbäumchen	Weihnachten
96	Weihnachtsgirlanden	Weihnachten
98	Salzteig-Anhänger	Weihnachten
100	Genähte Weihnachtskugeln	Weihnachten
102	Papier-Glückskekse	Silvester
104	Ewiger Kalender	Schule
106	Bunte Eiskugeln	Garten
108	Kekse für Vögel	Garten
110	Deine Kochschürze	Praktisches
112	Knusperriegel	Süßes
114	Gefilzte Bilder	Stoff und Wolle
116	Bunte Partygirlande	Fasching
118	Bunte Faschingsmasken	Fasching
120	Jonglier- & Knetbälle	Garten

VORWORT

Wer gerne bastelt und werkelt – so wie ich –, für den gibt es das ganze Jahr auch immer gute Gründe das Bastelzeug hervorzuholen und gleich loszulegen. Egal ob Fasching, Ostern, Halloween, Weihnachten und Geburtstage: Basteln macht Spaß und eine tolle Dekoration, kleine Mitbringsel oder schöne Geschenke kommen immer gut an.

Mit Hilfe meiner Anleitungen kannst du 52 Projekte – für jede Woche des Jahres eines – nachbasteln. Dabei brauchst du nicht der Reihe nach vorgehen, sondern such dir deine Lieblingsprojekte nach Laune oder Anlass heraus.

Und damit du gleich loslegen kannst, gibt es in diesem Buch viele Ideen aus Materialien, die du entweder schon zu Hause hast oder aber draußen in der Natur findest. Mein Tipp: Einfach mal die Augen offenhalten und einen kleinen Vorrat an Recyling- und Naturmaterialien zusammensammeln. Eine Schere, Klebstoff, Draht, Papier, Pinsel und Farben gehören zur Bastel-Grundausstattung, diese Dinge brauchst du immer mal wieder.

In jedem Bastel-Projekt findest du eine Angabe darüber, wie viel Zeit du ungefähr für die jeweilige Bastelei benötigst und welchen Schwierigkeitsgrad das Projekt hat. Fang am besten mit was Einfachem an und steigere dich dann langsam.

Ich wünsche dir ganz viel Spaß und Erfolg beim Basteln – und zwar das ganze Jahr!

Marlies Schiller

HIER NOCH WICHTIGE SYMBOLE, DIE DU IM BUCH IMMER WIEDER FINDEST:

Zeitbedarf:

30 Minuten

1 Stunde

2 Stunden

Schwierigkeitsgrad:

1 2 3

1 = leicht

2 = mittel

3 = schwer

1
JAN
UAR
2020

BASTELWISSEN

1. EINFACHER VORSTICH

Fädle einen Faden in die Nadel und verknote das Fadenende. Steche mit der Nadel von der Rückseite durch den Stoff (Abb. 1). Ziehe Nadel und Faden auf die Vorderseite durch. Nun stichst du ca. 3 mm entfernt wieder in den Stoff hinein (Abb. 2), sodass sich Nadel und Faden jetzt auf der Stoffrückseite befinden. Dann kommst du mit der Nadel nach weiteren 3 mm wieder auf der Stoffvorderseite heraus (Abb. 3), ziehe den Faden durch und fahre so fort.

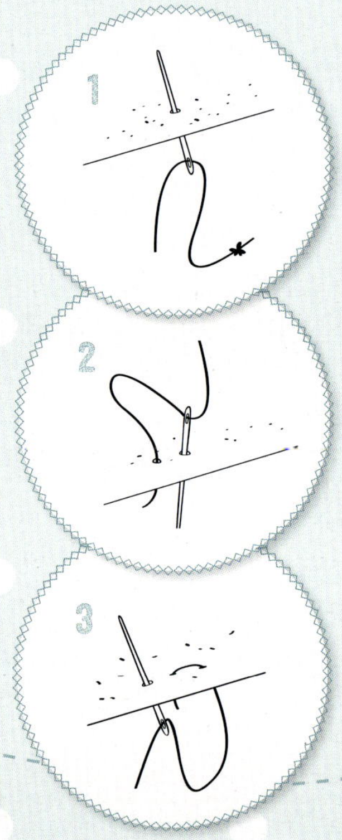

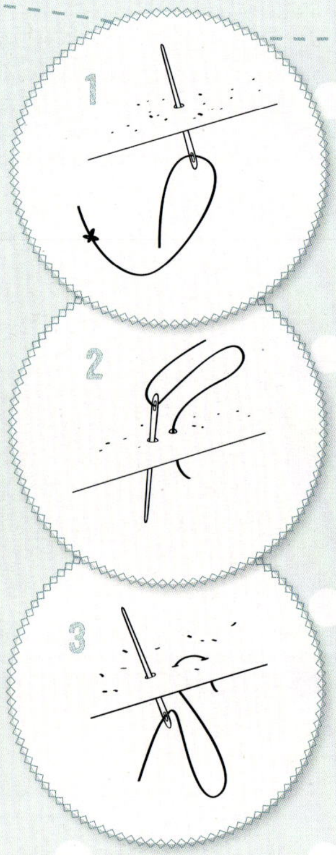

2. RÜCK- BZW. STEPPSTICH

Mit diesem Stich nähst du besonders feste Nähte. Auch hier gilt: Je kleiner die Abstände zwischen den einzelnen Stichen, desto haltbarer wird die Naht. Fädle einen Faden in die Nadel und verknote das Fadenende. Stich mit der Nadel von der Rückseite durch den Stoff (Abb. 1). Ziehe Nadel und Faden auf der Vorderseite durch. Stich 5 mm dahinter wieder in den Stoff hinein und ziehe Nadel und Faden wieder auf die Rückseite (Abb. 2). Steche von unten ungefähr 5 mm vor dem ersten Einstich durch den Stoff auf die Vorderseite. Jetzt stichst du wieder in den ersten Einstich, den Ausgangspunkt (siehe Pfeil). So nähst du in regelmäßigen Stichlängen immer weiter.

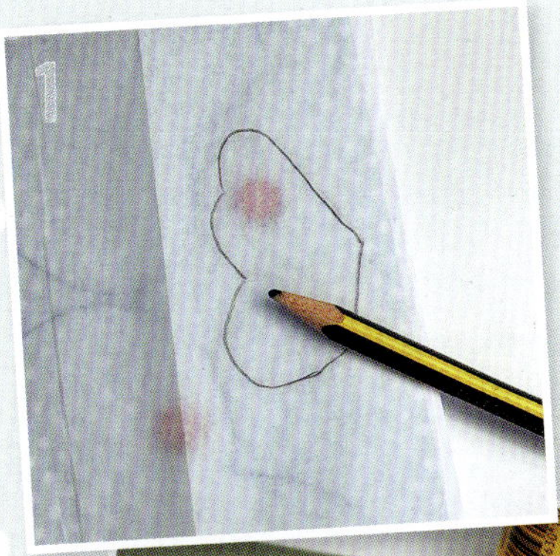

3. SCHABLONEN HERSTELLEN

Für manche Basteleien brauchst du eine Schablone. Schaue in der Materialliste nach, welche Nummer die Schablone hat, die du brauchst. Lege dann einen Bogen transparentes Papier (z. B. Butterbrotpapier) über die jeweilige Vorlage und zeichne die Linie auf dem Papier mit einem Bleistift durch (Abb. 1). Klebe das dünne Papier auf eine Pappe, damit die Schablone nicht verrutscht, und schneide die Form entlang der Linie aus (Abb. 2).

4. ZACKENSCHERE

Eine Stoff-Zackenschere verschönert nicht nur sichtbare Stoffkanten. Sie „versäubert" die Kante auch, der Stoff franst nicht so schnell aus.

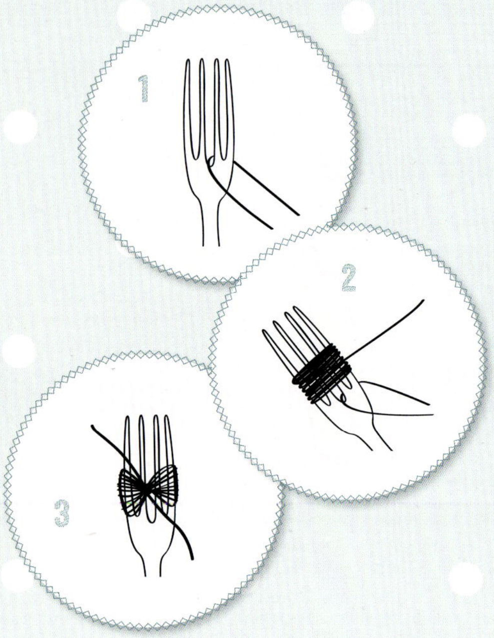

5. MINIPOMPON

Du brauchst eine Gabel, Wollreste und eine Schere. Schneide einen ca. 20 cm langen Wollfaden ab und lege ihn zwischen zwei Zinken in der Mitte der Gabel (Abb. 1). Wickle jetzt einen zweiten Wollfaden vom Knäuel um alle Zinken der Gabel, mindestens 30-mal rundherum (Abb. 2). Je öfter, desto dichter und fester wird der Puschel. Nimm beide Enden des ersten Wollfadens, der zwischen den Zinken liegt, und mache einen doppelten Knoten um die gewickelten Fäden herum (Abb. 3). Knoten und Faden halten jetzt die gewickelten Fäden zusammen. Schiebe jetzt alles von der Gabel und schneide die Schlaufen auf. Fertig!

6. STOFF REIßEN

Aus bunten Stoffresten oder alter Bettwäsche lassen sich leicht Stoffbänder herstellen. Schneide einfach den Stoff an einer Seite ein (Abb. 1) und reiße ihn an dieser Stelle mit einem kräftigen Ruck durch. Jetzt hast du eine gerade Kante im „Fadenlauf". Ca. 2 cm neben der gerissenen Kante schneidest und reißt du noch einmal. So bekommst du Stoffbänder, die du zum Basteln oder als Schmuck- oder Geschenkband verwenden kannst.

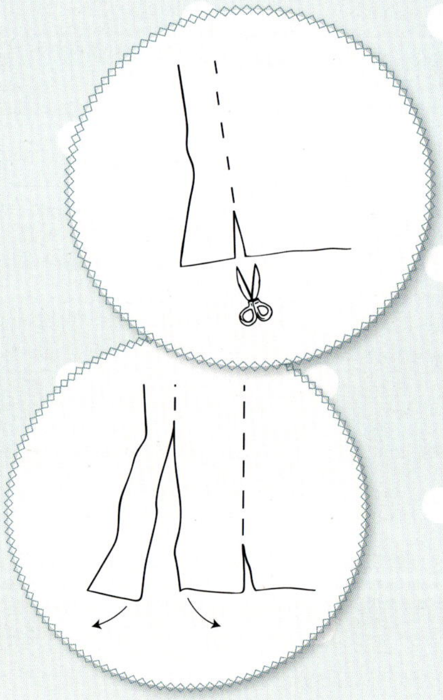

7. NADELFILZEN BZW. TROCKENFILZEN

Die Filznadel für das Trockenfilzen besitzt nicht nur eine Spitze, sondern auch viel kleine Widerhaken. An ihnen bleiben beim Einstechen einzelne Fasern hängen, die sich beim Nadeln mit anderen Fasern verhaken. So entsteht nach einigen Stichen ein festes Gewebe, das in sich verknotet (also „verfilzt") ist.

8. BLUMENPRESSEN

Um mit Blüten und Blättern basteln zu können, musst du sie trocknen und pressen. Lege Küchentücher auf eine flach ausgebreitete Zeitung und verteile die Blüten und Blätter darauf (Abb. 1). Achte darauf, dass die Blüten flach liegen. Decke die ausgebreiteten Blüten mit einer Lage Papierküchentücher und ein paar Zeitungsblättern ab. Staple darauf einige große, schwere Bücher (Abb. 2). Nach 1–2 Wochen sind die Pflanzen getrocknet und gepresst. Entferne vorsichtig die Bücher und das Papier (Abb. 3).

FRÜHLING

Endlich Frühling! Nach vielen grauen und kalten Tagen wird es jetzt langsam wärmer und bunter: Die Natur erwacht und bald ist Ostern. Für das Fest habe ich dir ein paar Basteleien zusammengestellt, aber auch im Garten und in der Küche kannst du aktiv werden.

S. 16

S. 24

S. 34

S. 14

S. 12

S. 18

S. 28

S. 30

S. 20

BUNTE FILZKUGELN

Filzen – ohne Aufwand? Das hört sich einfach prima an! Lass doch einfach die Waschmaschine die Arbeit übernehmen. Gut verpackt in einem Strumpf, filzt du so bunte Filzkugeln in jeder erdenklichen Größe.

SO GEHT'S

1. Wickle Wollreste zu kleinen Knäueln. Je nachdem, wie groß die Kugeln werden sollen, sollten sie walnuss- bis mandarinengroß sein.

2. Nimm einen Strang loser Schafwolle, ziehe ihn etwas auseinander und lege ihn um das Wollknäuel. Bedecke das ganze Knäuel gleichmäßig und fest mit der Filzwolle. Bereite so einige Bälle vor. Kleine Kugeln kannst du auch direkt mit Filzwolle, also ohne Wollknäuel, formen.

3. Schneide beide Beine einer Nylonstrumpfhose ab. Stecke das mit Schafwolle umwickelte Wollknäuel vorsichtig in ein Bein.

4. Ziehe die Strumpfhose fest um die Kugel herum, sodass sie möglichst keine Falten bildet. Mache einen doppelten Knoten über der Kugel und binde die Strumpfhose unterhalb der Kugel mit einem Faden fest zusammen.

5. Stecke nun die nächste Kugel in die Strumpfhose, binde wieder stramm und glatt ab und fülle so beide Strumpfhosenbeine mit Wollkugeln.

01

DU BRAUCHST

- Wollreste
- Gekämmte Filzwolle
- Eine Nylonstrumpfhose, möglichst kleine Größe
- Feste Schnur
- Waschmittel

6. Gib die Kugelstränge zur nächsten Buntwäsche mit in die Waschmaschine. Lass dir dabei von einem Erwachsenen helfen. Schneide die Trennfäden nach dem Waschgang durch und löse die Kugeln vorsichtig vom Stoff der Strumpfhose. Filze die Kugeln, falls nötig, noch mit Seife und warmem Wasser nach. Rubble, knete und rolle die Kugeln zwischen den Händen. Wasche danach die Seife aus und lass die Kugeln über Nacht trocknen.

TIPP:

Das kannst du alles mit diesen Kugeln machen: Fädle sie zu einer Kette oder Girlande auf, hänge sie mit einem Faden als Weihnachtskugel auf, besticke sie mit Pailletten oder filze Muster mit einer Filznadel (siehe S. 9) auf.

PERLEN-DRAHTEIER

Wenn du für diese Bastelei zu Hause keine Glasperlen findest, dann frage doch deine Mutter nach altem Modeschmuck, den sie nicht mehr trägt. Zerschneide die Ketten und Armbänder und nutze die kleinen Perlen für diese hübschen Drahteier.

SO GEHT'S

1. Knipse mit der Zange ein ca. 30 cm langes Stück Draht von der Rolle. Knicke den Draht mit der Zange ca. 10 cm von einem Ende entfernt im rechten Winkel ab.

2. Fädle jetzt deine Perlen auf das lange Ende des Drahts. An dem Knick bleiben sie wie an einem Knoten hängen und rutschen nicht ab. Du kannst die Perlen nach Farben sortiert oder einfach durcheinander auffädeln.

3. Nachdem du auf ca. 15 cm Draht Perlen aufgezogen hast, biegst du nun das Ende mit der letzten Perle in Richtung des Knicks und formst ein Ei (siehe Schablone auf S. 123). Schiebe die Perlen schön dicht zusammen und drehe zum Verschließen das Drahtende mehrmals fest um die Stelle mit dem Knick. Nimm ruhig die Zange zur Hilfe. Halte mit der Zange das Stielende fest und drehe die Perlenschlaufe noch ein paarmal herum. Knipse den restlichen abstehenden Draht mit der Zange ab.

1 2 3

02

DU BRAUCHST

- Biegsamen Draht
- Perlen
- Drahtzange

4. Biege die Perlenschlaufe mit den Händen in Eiform.

5. Um die Perleneier in Ostersträuße hängen zu können, biegst du den überstehenden Draht zu einem Haken. Wenn du das Drahtende als Stiel stehen lässt, kannst du die Perleneier als Osterschmuck in Blumentöpfe, Balkonkästen, Vasen oder Mooskissen stecken.

TIPP:

Du kannst den Draht auch zu einem Herz formen und dann zum Muttertag oder Geburtstag verschenken.

OSTERHASEN-EIERWÄRMER

Diese niedlichen Osterhasen-Eierwärmer haben ihren ganz großen Auftritt beim Osterfrühstück. Bastle am besten gleich eine ganze Hasenfamilie und schmücke deine Ostertafel damit. Auf die Eier, fertig, los!

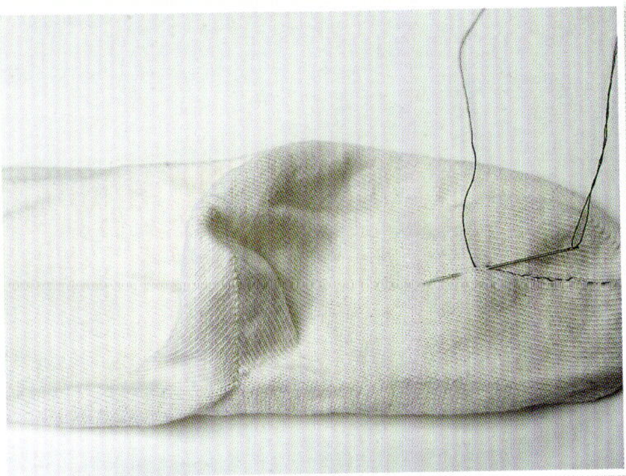

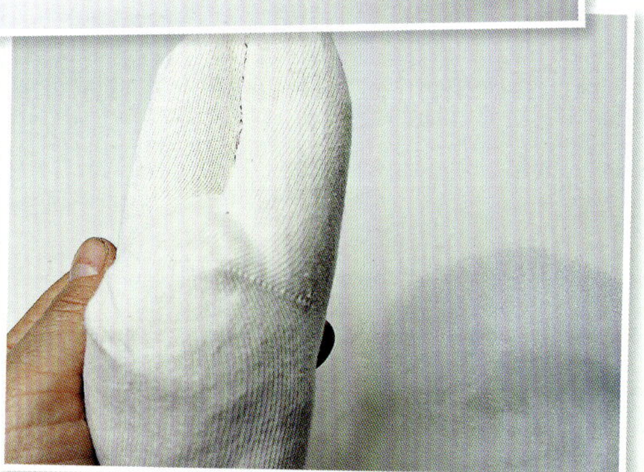

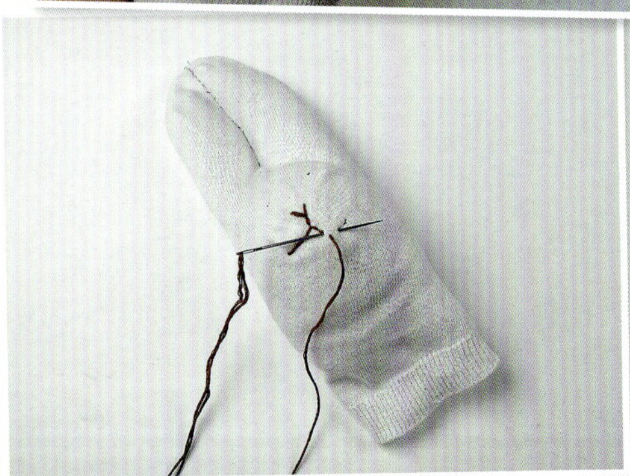

SO GEHT'S

1. Fädle einen Faden in eine Nähnadel und verknote das untere Fadenende. Lege die Socke flach vor dich, sodass die Ferse oben liegt.

2. Nähe jetzt mittig eine Naht von der Fußspitze bis zur Ferse. Hierdurch entstehen die beiden Ohren des Häschens.

3. Stopfe die Socke mit Watte aus, schiebe auch welche in die Ohren. Nimm nur so viel Watte, dass im Hasenbauch auch noch ein Ei Platz hat.

4. Die Form der ausgepolsterten Ferse sieht jetzt schon wie eine kleine Hasenschnauze aus. Sticke mit Stickgarn oder Wolle ein Gesicht auf. Wenn du magst, kannst du das Gesicht auch mit einem wasserfesten Stift aufmalen oder Kulleraugen aufkleben. Als Hasenschwanz klebst du einen kleinen Wollpompon (siehe S. 8) an.

5. Ziehe zum Schluss die Watte im unteren Teil der Socke etwas auseinander, sodass du den Hasen gut über ein Ei stülpen kannst.

03

DU BRAUCHST

- Kleine Kindersocken
- Nähnadel und Nähgarn
- Watte
- Perlen oder kleine Knöpfe
- Buntes Stickgarn, Wollreste oder einen wasserfesten Stift
- Bastelkleber

KLEINE NESTER

Wer viele Ostereier bekommen möchte, braucht auch viele Nester. Also nichts wie ran an die Arbeit! Aus einfachen Schachteln kannst du schnell und einfach kleine Nester basteln und schon bald geht die Suche los.

DAS GRASNEST: SO GEHT'S

1. Lege ein Maßband einmal um die Schachtel herum und schneide einen entsprechend langen und 5 cm breiten grünen Papierstreifen zurecht.

2. Schneide jetzt mit einer Schere unregelmäßige Zacken in eine Längsseite des Papierstreifens. Wenn die Zacken nach oben zeigen, sieht die Kante aus wie Grashalme auf einer Wiese.

3. Klebe den Papierstreifen mit Klebstoff außen an der Schachtel fest. Die Graskante ragt über den Schachtelrand hinaus.

1 2 3

04

DU BRAUCHST

- Runde Schachteln aus Span oder Pappe (z.B. Camembert-Schachteln)
- Maßband
- Schere
- Grünes Tonpapier
- Bast (aus dem Bastelladen)
- Klebstoff
- Heu oder Ostergras (zum Auspolstern)

DAS BASTNEST: SO GEHT'S

1. Schneide den Bast in ca. 5 cm lange Stücke. Streiche Klebstoff auf den äußeren Schachtelrand und drücke die Halme in den Klebstoff.

2. Wenn der Kleber getrocknet ist und die Baststreifen fest kleben, schneide sie mit einer Schere noch einmal gerade auf eine Länge.

TIPP:

Polstere die kleinen Nester am Schluss mit etwas Heu oder Ostergras aus.

LECKERE HEFEHASEN

Leckeres Gebäck aus Hefe gehört zum Osterfrühstück einfach dazu. Frisch aus dem Ofen und goldbraun gebacken, duften diese Hasen einfach unwiderstehlich. Sie sind so niedlich, dass sie zum Aufessen fast zu schade sind.

SO GEHT'S

1. Gebe alle Zutaten in eine große Schüssel. Verknete sie mit den Knethaken des Handmixers miteinander, bis sich alles zu einem dicken Kloß verbindet. Natürlich kannst du den Teig auch mit den Händen kneten, das ist allerdings etwas anstrengend.

2. Decke den Hefeteig in der Schüssel mit einem sauberen Geschirrtuch ab und stelle ihn in den angewärmten Backofen (30–40 Grad, nicht wärmer!). Lass dir beim Einstellen des Backofens von einem Erwachsenen helfen.

3. Wenn der Teig gut aufgegangen ist (nach ca. 30 Min.), rollst du ihn ca. 1 cm dick auf einer mit Mehl bestäubten Unterlage aus. Damit der Teig nicht an dem Nudelholz festklebt, streiche zuvor etwas Mehl über das Holz. Du kannst den Teig auch portionsweise verarbeiten, dann lässt er sich leichter ausrollen.

4. Schneide mit einem scharfen Messer Rechtecke aus dem Teig: Für den Hasenkörper sollten sie ca. 10 cm x 7 cm groß sein, für den Hasenkopf ca. 6 cm x 4 cm. Knete die Teigreste wieder zusammen und rolle den Teig erneut aus.

1 2 3

05

5. Die Teigmenge reicht für etwa 10–12 Hasen. Rolle je ein Rechteck für Körper und Kopf von der schmalen Seite her auf und drücke die Enden etwas zusammen.

6. Schneide aus den ausgerollten Teigresten ca. 4 cm lange, schmale Streifen für die Ohren. Forme jeweils ein Ende zu einer Spitze.

7. Lege ein Backblech mit Backpapier aus. Dann platzierst du die aufgerollten Hasenkörper auf dem Papier. Setze den Kopf an die schmale Seite des Körpers und drücke beide vorsichtig zusammen. Schließlich legst du die Ohren auf den Hasenkopf. Streiche etwas Milch über die Ansatzstellen, so verbinden sich die beiden Teigteile besser miteinander.

DU BRAUCHST

- 500 g Mehl
- 250 ml lauwarme Milch
- 80 g Zucker
- 80 g weiche Butter
- 1 Tüte Trockenhefe
- ½ TL Salz

Zum Bestreichen:

- 1 Eigelb, verrührt mit 2 EL Milch
- Handrührgerät (mit Knethaken)
- Nudelholz
- Messer

Zwischen den einzelnen Hasen solltest du genügend Platz lassen. Sie werden beim Backen noch etwas größer. Bestreiche die Hasen am Schluss mit dem Eigelb-Milch-Gemisch.

8. Backe die Hasen nun im Backofen 15–20 Min. bei 180 Grad. Wenn sie eine goldbraune Farbe haben, sind sie fertig.

TIPP:

Fülle die Hasen mit Schokolade. Setze in die Mitte des großen Rechtecks einen Löffel voll Schoko-Brotaufstrich, bevor du es zusammenrollst. Drücke die Enden schön fest zusammen, damit die Schokolade beim Backen nicht herausläuft. Köstlich!

ÜBERRASCHUNGSMÖHREN

Wenn auch du zu Ostern ein paar Schokoeier oder eine andere Kleinigkeit verschenken möchtest, sind diese selbst gebastelten Möhren eine passende Verpackung dafür. So kommt dein Geschenk ganz groß raus.

06

DU BRAUCHST

- Orangenes Tonpapier
- Grünes Seiden- oder Krepppapier
- Klebestift
- Zirkel
- Schere
- Bastschnur oder Geschenkband

SO GEHT'S

1. Zeichne mit dem Zirkel auf dem orangenen Papier pro Möhre einen ca. 20 cm großen Kreis und schneide ihn aus.

2. Klebe mit dem Klebestift einen ca. 12 cm breiten Streifen grünes Seidenpapier an den oberen Rand des Kreises.

3. Rolle nun den Papierkreis zu einer Tüte, das „Grünzeug" oben schmückt dabei die Öffnung. Klebe die Kanten des gerollten Papiers fest.

4. Schneide das grüne Seidenpapier mit der Schere schön fransig ein.

5. Binde die Möhre oben mit Bastschnur oder einem Stück Geschenkband zu. Fertig ist die Überraschungsmöhre!

FRÜHLING IM GLAS

Es ist einfach wunderbar, wenn draußen wieder die Sonne scheint, der Rasen grün wird und erste Blümchen auf der Wiese sprießen. Bringe ein Stück frische Wiese oder Wald mit ins Haus und sieh den Pflanzen beim Wachsen zu!

SO GEHT'S

1. Mit einem Spaten oder einer Schaufel stichst du im Garten vorsichtig ein kleines Stück Rasen mit kleinen Blumen aus. Achte darauf, dass du die Wurzeln nicht beschädigst. Wenn ihr keinen Garten habt, dann suche im Wald nach frischem, dickem Moos und jungen Pflanzen.

2. Fülle etwas Erde in ein Glas und setze die kleinen Blumen oder andere zarte Pflänzchen mit Wurzeln darauf. Die Wurzeln müssen gut mit Erde bedeckt sein. Häufe die Erde dafür etwas an und drücke sie an.

3. Setze jetzt rund um die Pflänzchen ausgestochene Grasstücke und Moos. Die Erde und der Glasboden sollten damit gut bedeckt sein. Die kleinen Blüten schauen jetzt aus dem Grün hervor.

4. Ganz wie in der Natur kannst du noch etwas trockenes Laub oder kleine Äste mit ins Glas legen. Oder Federn und Eierschalen. Binde als Deko zusätzlich bunte Stoffbänder um den Rand des Glases.

1 2 3

07

DU BRAUCHST

- Große Schraubverschluss- oder Einmachgläser
- Blumenerde oder Erde aus dem Garten
- Moos oder ein Stück Rasen
- Kleine Blumen aus Garten oder Wald (z.B. Gänseblümchen, Schneeglöck chen, Windröschen, Veilchen)
- Alternativ: Frühblüher vom Blumenhändler

5. Jetzt nur noch vorsichtig gießen. Die Erde sollte feucht, aber nicht klatschnass sein. Wenn du die Gläser verschließt, musst du nur ab und zu die Feuchtigkeit kontrollieren und etwas Luft ins Glas lassen, wenn es beschlagen sollte.

TIPP:

Vielleicht findest du bei der Materialsuche im Wald auch keimende Eicheln oder Kastanien. Diese „Minibäume" kannst du auch mit einpflanzen. Wenn sie zu groß für das Glas werden, setzt du sie wieder in die Natur um.

SCHMETTERLINGE

Auch wenn es draußen noch kalt ist, „fliegen" diese Schmetterlinge schon bei euch im Garten, auf dem Balkon und in der Wohnung. Bastle am besten ganz viele, ein ganzer Schwarm davon sieht richtig schön aus.

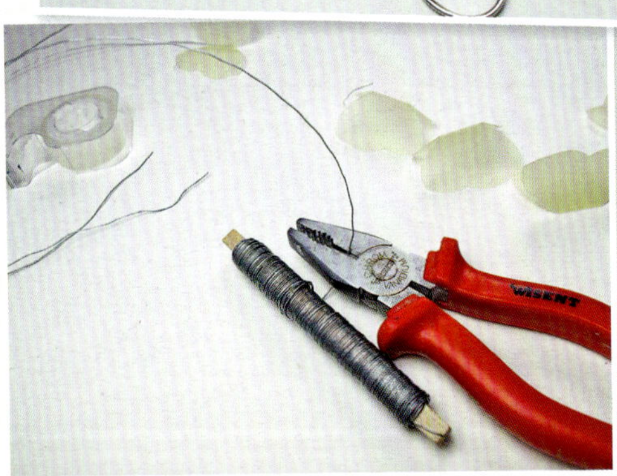

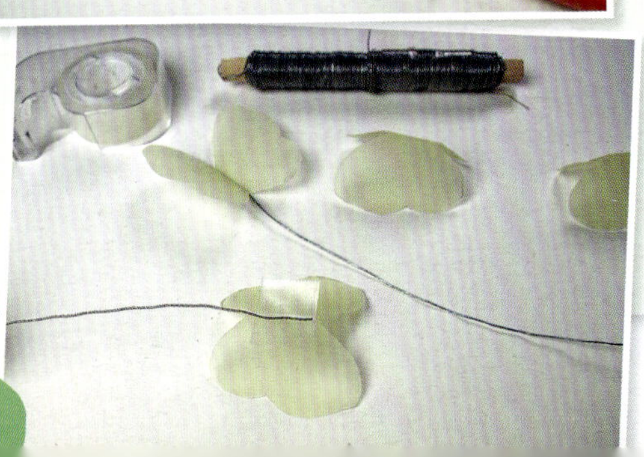

SO GEHT'S

1. Bastle dir zuerst eine Schmetterlingsschablone. Nutze hierfür die Vorlage auf S. 123 oder zeichne ein etwa 7 cm hohes Herz und knicke die unteren 2 cm – dort, wo die Spitze ist – um.

2. Knicke einen ca. 5 cm breiten Streifen vom Rand des Papierbogens um. Auf den umgeknickten Streifen zeichnest du mit der Schablone und einem Bleistift einen halben Schmetterling. Die Körpermitte des Schmetterlings liegt direkt am Knick. So wird der Schmetterling schön gleichmäßig.

3. Schneide jetzt die Schmetterlinge aus, das Papier soll dabei weiterhin doppellagig liegen. Wenn du das Papier danach auseinanderklappst, ist der Schmetterling vollständig.

4. Knipse ein Stück Draht (20–30 cm) ab und lege es auf die Schmetterlingsrückseite. Klebe den Draht entlang des Schmetterlingskörpers mit einem Stück Klebeband fest. Die Flügel knickst du etwas nach oben.

08

DU BRAUCHST

- Pergamentpapier oder anderes festes Papier
- Bleistift
- Draht und Drahtzange
- Durchsichtiges Klebeband
- Schere
- Schablone (siehe S. 123)

5. Stecke die Schmetterlinge mit dem Draht in Blumentöpfe oder Beete. Bei Wind wippen und flattern sie dort herum. Besonders schön wirken sie in einer großen Gruppe auf verschieden langen Stielen.

TIPP:

Du kannst auch Blüten und andere Motive am Draht befestigen. Entweder wie hier beschrieben mit Klebestreifen oder du schneidest jedes Motiv doppelt aus, streichst Klebstoff auf die Rückseiten, legst den Draht dazwischen und klebst beide Teile zusammen.

KLEINE PFLANZSTATION

Wenn du Spaß am Gärtnern hast, solltest du einmal diese Anbaumethode ausprobieren. Ziehe kleine Pflänzchen – platzsparend – in einem Eierkarton heran. Das gelingt dir auch, wenn du noch keine Erfahrung hast.

SO GEHT'S

1. Piekse mit einer spitzen Nadel von innen ein Loch in die untere Mitte einer halben Eierschale. Durch diesen Abfluss kann überschüssiges Wasser abfließen.

2. Fülle jedes Ei halb voll mit feiner Blumenerde und setze es in einen Eierkarton.

3. Lege jetzt die Samen auf die Erde. Bei Erbsen und Bohnen nimmst du nur jeweils ein Samenkorn. Wenn du Kräuter wie Petersilie oder Basilikum anbauen willst, kannst du auch mehrere Samenkörner in ein Ei legen. Bedecke die Samen gut mit etwas Erde.

4. Tröpfle mit einem Teelöffel etwas Wasser darauf. Die Erde sollte feucht, aber niemals sehr nass sein.

5. Beschrifte die Eierschalen mit einem Filzstift, so weißt du später, was in welcher Eierschale wächst. Schneide dann ein Stück Frischhaltefolie ab und lege es über die Eierschalen. Spanne einen Gummiring um Folie und Eierpappe, sodass die Folie nicht abfallen kann. Unter der Folie wird es warm wie in einem Gewächshaus. Das verkürzt die Keimzeit.

09

DU BRAUCHST

- Eierschalen
- Nadel
- Blumenerde
- Eierkarton
- Samen (Blumen, Gemüse oder Kräuter)
- Teelöffel
- Filzstift
- Frischhaltefolie
- Einen großen Gummiring

6. Bereits nach ein paar Tagen zeigen sich die ersten Pflänzchen. Halte die Erde immer schön feucht. Benutze zum Gießen den Teelöffel.

7. Wenn die Setzlinge langsam zu groß für die Eier werden, pflanzt du sie in den Garten oder in einen Blumentopf auf dem Balkon. Grabe mit einer Schaufel kleine Löcher in die Erde. Zerdrücke die Eierschale vorsichtig mit den Händen.

8. Pflanze die Setzlinge nicht zu dicht nebeneinander. Die Eierschale liefert der Pflanze für das weitere Wachstum Calcium. Die Wurzeln können durch die zerbrochene Schale hindurch in die Erde wachsen. Schiebe Erde über Ei und Wurzeln, drücke sie vorsichtig fest und gieße die kleinen Pflanzen.

BILDER MIT FOTOTRANSFER

Schöne und lustige Fotos von dir kommen in der Verwandtschaft immer gut an. Mit einem Fototransferkleber aus dem Bastelladen kannst du die Bilder auf eine Leinwand, aber auch auf Holz oder Stoff, z.B. ein Kissen, übertragen.

SO GEHT'S

1. Drucke das Foto spiegelverkehrt mit einem Laserdrucker auf Papier aus oder kopiere ein besonders schönes Foto im Copyshop. Schneide es so zu, dass es die gleiche Größe wie der Untergrund hat.

2. Streiche mit dem breiten Pinsel den zu beklebenden Untergrund – hier eine Leinwand – und die Vorderseite der Kopie gleichmäßig und satt mit dem Kleber ein.

3. Lege das Bild mit der klebrigen Vorderseite auf die eingestrichene Leinwand. So, jetzt ganz vorsichtig: Drücke das Papier fest an und streiche es glatt, von der Mitte nach außen, sodass alle Blasen zwischen Papier und Untergrund verschwinden. Über Nacht gut trocknen lassen.

4. Befeuchte am nächsten Tag mit einem nassen Schwamm das aufgeklebte Papier. Warte, bis das Bild durchscheint, dann ist das Papier ausreichend nass.

5. Streiche vorsichtig mit den Fingerkuppen über das nasse Papier und rubble es auf diese Weise los. Achte aber darauf, dass du nicht auch das Foto von der Leinwand abreibst.

10

DU BRAUCHST

- Fototransferkleber
- Eine kleine Leinwand oder ein Stück Sperrholzplatte in Größe des Fotos
- Einen breiten flachen Pinsel
- Ein weiches Schwämmchen oder einen Lappen

Du brauchst etwas Geduld und Fingerspitzengefühl, um das ganze Papier zu entfernen. Feuchte das Papier zwischendurch immer wieder an, nur so lässt es sich restlos ablösen.

6. Streiche anschließend das Bild noch mit einer Schicht Transferkleber ein. So ist es geschützt und glänzt schön matt.

KÜHLSCHRANKMAGNETE

Die Küche ist der Ort, an dem sich die ganze Familie zum Essen trifft. Bastle doch aus deinen schönsten und lustigsten Selfies und Fotos ein paar Kühlschrankmagnete und erfreut euch gemeinsam daran.

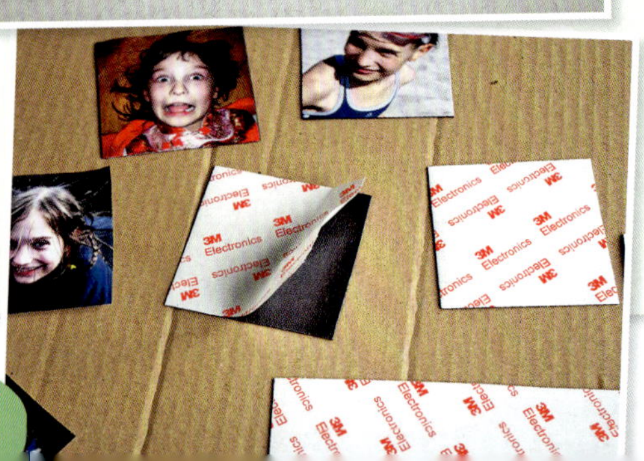

FIGUREN-MAGNET: SO GEHT'S

1. Klebe flache Steine oder andere Fundstücke aus dem Kinderzimmer mit Klebstoff auf Magnete. Die Größe des Magnets richtet sich nach der Größe des Gegenstandes, den du aufkleben möchtest.

2. Bemale die Steine oder Spielzeugfiguren mit Pinsel und Bastelfarben ganz nach deinem Geschmack oder beschrifte sie mit wasserfesten Filzstiften.

WÄSCHEKLAMMER-MAGNET: SO GEHT'S

1. Beklebe eine Seite einer Wäscheklammer mit buntem Klebeband.

2. Befestige dann den Magneten mit Klebstoff auf der Unterseite der Klammer.

An den fertigen Magneten kannst du kleine Zettel, Eintrittskarten oder selbst gemalte Bilder anklammern.

11

FOTO-MAGNET: SO GEHT'S

1. Suche für die Kühlschrankmagnete ein paar lustige Fotos heraus.

2. Schneide die Magnetfolie mit der Schere auf Fotogröße, ziehe die Schutzfolie ab und klebe das Foto passgenau auf den Magneten.

DU BRAUCHST

- Einfache Kühlschrankmagnete (aus dem Bastel- oder Schreibwarenladen)
- Kraftklebstoff
- Flache Steine
- Kleine Spielzeugfiguren (Dinos, Tiere, Spielzeugautos, Spielsteine o. ä.) oder andere Fundstücke (Wäscheklammern, schöne Steine, Holzstücke, Korken, große Perlen, schöne Knöpfe)
- Wasserfeste Filzstifte oder Bastelfarben und Pinsel
- Wäscheklammern
- Buntes Klebeband
- Selbstklebende Magnetfolie

Bestimmt fallen dir noch mehr Dinge ein, aus denen du Kühlschrankmagnete gestalten kannst.

INSEKTENHOTEL

Mit einem Insektenhotel tust du der Natur etwas Gutes. Hummeln, Bienen, Marienkäfern und Co. finden hier einen Platz zum Nisten, Unterschlupf und eine Überwinterungsmöglichkeit. Das ist wichtig, denn Insekten sind Nützlinge, sie bestäuben die Pflanzen im Garten.

SO GEHT'S

1. Besorge dir in einem Zigarrenladen eine stabile hohe Zigarrenschachtel aus Holz. Sammle so viele leere Konservendosen, wie aufrecht in die Holzkiste hineinpassen.

2. Schneide Schilfhalme mit der Schere auf die Länge der Dose. Kleine Äste schneidest du mit der Astschere. Fülle eine Dose dicht an dicht damit, die Halme sollen vorne mit dem Dosenrand abschließen.

3. Fülle auch die anderen Dosen mit Naturmaterialien. Stopfe Tannenzapfen, Stroh oder Baumrinde jeweils in eine Dose. Achte darauf, dass du das Material nicht zu fest drückst – es muss noch Platz für die Insekten bleiben –, aber so fest, dass es nicht herausfällt.

4. Nimm die Holzschachtel und entferne den Deckel. Bohre mit einem kleinen Handbohrer zwei kleine Löcher mittig in die Rückwand, sie sollen einen Abstand von ca. 1 cm voneinander haben. Durch diese Löcher fädelst du für die Aufhängung ein Stück festen Faden und verknotest ihn zu einer Schlaufe.

12

DU BRAUCHST

- Schilf- oder Bambusstöcke, kleine Äste
- Stroh, Tannenzapfen, Baumrinde
- Konservendosen
- Zigarrenkiste
- Astschere
- Schere
- Handbohrer
- Feste Schnur (z.B. Paketband)

5. Stelle die Dosen mit der Öffnung nach vorne in die Holzkiste und fülle die Zwischenräume mit weiterem Nistmaterial für die Insekten. Achte darauf, dass das Material fest eingeklemmt ist und nicht herausfallen kann.

6. Hänge das Insektenhotel mit der Schlaufe an einen Nagel, z.B. an eine Mauer oder an einen stabilen Holzzaun im Garten. Der Platz sollte sonnig und etwas windgeschützt sein. Jetzt können die Insekten einziehen.

EINGEWICKELTE VASEN

Was für ein schönes Geschenk für deine Mutter, Oma oder Tante! Beklebe ruckzuck Flaschen, Gläser oder alte Vasen mit Wolle und Stoff. Stecke ein paar Blümchen hinein und das Geschenk ist perfekt!

WOLLFADEN-VASE: SO GEHT'S

1. Streiche die untere Hälfte einer Flasche rundherum mit dem Pinsel mit Bastelleim ein.

2. Drücke das Fadenende eines Wollknäuels am unteren Flaschenrand in den Leim. Lege den Faden einmal rundherum um die Flasche in den Klebstoff. Wickle dann einige Reihen Faden um die Flasche. Wenn du die Flasche hinstellst und langsam drehst, geht das besonders gut.

3. Streiche die Flasche nach und nach weiter mit Bastelleim ein und beklebe sie komplett mit Wolle. Natürlich kannst du jederzeit die Farbe wechseln. Wenn die Lücken zwischen den Fäden zu groß sind, schiebst du die Reihen mit den Fingern zusammen.

1 2 3

13

DU BRAUCHST

- Flaschen, Vasen oder hohe Gläser
- Einen breiten Pinsel
- Bastelleim
- Wollreste
- Bunte Baumwollstoffe
- Stoff- und Geschenkbänder, Spitze

STOFF-VASE: SO GEHT'S

1. Wenn du die Flasche mit Stoff bekleben möchtest, schneidest du mit der Schere Stoffstreifen zurecht, die so lang sind, dass sie einmal um die Flasche herum passen. Streiche auch hier die Flasche mit Bastelleim ein und klebe die Stoffstreifen darauf.

2. Wenn die Flasche schmaler wird, müssen auch die Stoffstreifen kürzer werden. So vermeidest du unschöne Falten im Stoff.

3. Klebe zum Schluss einzelne schöne Geschenk-, Stoff- oder Spitzenbänder auf die Flasche.

SOMMER

Auch im Sommer wird gebastelt – schließlich haben wir in den Sommerferien viel Zeit. Sammle schöne und besondere Bastelmaterialien wie Stöcke, Steine, Federn oder Muscheln im Urlaub. Daraus werden tolle Urlaubserinnerungen oder Geschenke.

S. 60

S. 56

S. 52

S. 42

S. 54

S. 58

S. 64

S. 62

S. 46

BUNTE DRAHTWÖRTER

Ein Namensschild an deiner Zimmertür ist eine tolle Dekoration und noch dazu einfach mit den Fingern gehäkelt. Du bekommst nicht genug vom Häkeln? Auch einzelne Wörter oder coole Sprüche sind witzig.

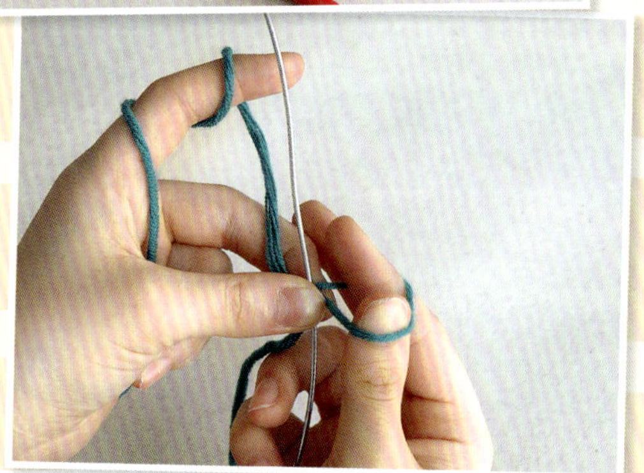

SO GEHT'S

1. Schneide ungefähr 1 m Draht mit der Drahtzange ab. Knote dann eine Schlaufe in das Fadenende des Wollknäuels. Lege dafür eine Schlaufe, das kurze Fadenende muss über dem langen liegen, greife von unten durch die Schlaufe und ziehe mit den Fingern das lange Fadenende hindurch. Lass die Schlaufe so groß, dass du bequem mit Daumen und Zeigefinger hindurchgreifen kannst. Indem du am langen Fadenende ziehst, kannst du die Schlaufe etwas festziehen.

2. Halte den Draht und das kurze Fadenende mit der linken Hand fest, das lange Fadenende liegt hinter dem Draht, und wickle das lange Ende zweimal um deinen linken Zeigefinger. Stecke nun Daumen und Zeigefinger der rechten Hand von unten durch die Schlaufe. Jetzt umhäkelst du den Draht mit Luftmaschen: Greife hierfür mit Daumen und Zeigefinger der rechten Hand vor dem Draht nach dem langen Fadenende und ziehe es durch die Schlaufe, sodass eine neue Schlaufe entsteht. Ziehe so an der neuen Schlaufe, dass sich die erste Schlaufe zuzieht.

14

DU BRAUCHST

- Stabilen Draht (mindestens 2 mm Durchmesser) und Drahtzange
- Bunte Wollreste
- Klebstoff
- Papier
- Filzstift

3. Wiederhole den vorherigen Schritt, diesmal liegt aber das lange Fadenende vor dem Draht: Greife mit Daumen und Zeigefinger der rechten Hand erneut von unten durch die neue Schlaufe und ziehe den Faden hinter dem Draht durch die Schlaufe. Ziehe etwas an der neuen Schlaufe, sodass sich die vorherige Luftmasche zuzieht. Achte darauf, dass die zugezogenen Schlaufen schön übereinanderliegen.

4. Fahre genau so fort. Auf diese Weise umhäkelst du den Draht nach und nach. Schiebe zwischendurch die Schlaufen auf dem Draht zusammen. Häkle nicht ganz bis zum Drahtende, damit die Maschen dort nicht herunterrutschen.

5. Schreibe deinen Namen oder ein Wort auf ein Blatt Papier. Das Wort muss aus einer durchgängigen Linie bestehen. Biege den umhäkelten Draht mit der Hand an der gezeichneten Vorlage entlang. Wenn du bisher noch nicht den ganzen Draht umhäkelt hast, siehst du jetzt, wie weit du noch häkeln musst.

6. Ist der Draht weit genug umhäkelt, so forme das Wort zu Ende und schneide den überstehenden Draht mit der Drahtzange ab. Schneide die Fadenenden ab und verklebe sie mit einem Tropfen Klebstoff. Fixiere auch die Maschen auf den Drahtenden mit etwas Kleber.

TIPP:

Verwende, wenn du schon häkeln kannst, einfach anstelle der Finger eine Häkelnadel. Natürlich kannst du die Farbe zwischendurch ändern. Ziehe hierfür einfach einen neuen Faden durch die Schlaufe.

NATUR-SCHAUKASTEN

Sammle Naturmaterialien im Wald, Garten oder Urlaub und stelle deine schönsten Fundstücke auf ganz besondere Art aus: Baue damit ein tolles Aquarium, gestalte einen Mini-Strand oder einen ganzen Wald.

SO GEHT'S

1. Male in den Karton oder die Zigarrenkiste mit Tusche oder Bastelfarben einen passenden Hintergrund für dein Motiv, z.B. einen blauen Himmel oder einen beigen Strand. Lass die Farbe trocknen.

3. Ordne nun deine Materialien an: Schneide mit einer Astschere Äste auf eine Länge, sodass du sie gut zwischen die Kartonseiten einklemmen kannst, oder klebe sie mit Klebstoff fest.

4. Streue Sand oder Erde auf den Schachtelboden und lege Steine oder Muscheln dazu.

5. Auch kleine Kunststofffiguren kannst du mit in dein Bild einbauen. Binde Tiere mit Draht fest oder stell sie einfach in den Schaukasten hinein.

6. Kleine Papiervögel können in deinem Kasten auch fliegen – und Fische schwimmen. Schneide dazu die Umrisse der Tiere aus Papier aus und knote sie vorsichtig an einen Faden. Diesen befestigst du oben im Kasten und so lässt du sie von der Decke baumeln.

1 2 3

15

DU BRAUCHST

- Einen kleinen Schuhkarton oder eine Zigarrenkiste
- Tusch- und Bastelfarbe
- Pinsel
- Äste, Zapfen, Rinde, Tannengrün, Steine, Moos, Sand, Muscheln
- Ggf. Astschere
- Klebstoff
- Papier
- Schere
- Kleine Plastikfiguren und Tiere

BUNTE STÖCKE

Schöne Stöcke findest du überall – im Wald, am Bach, am Strand oder im Garten. Noch schöner werden sie, wenn du sie kunterbunt anmalst, beklebst, beglitzerst oder mit kunstvollen Schnitzereien verzierst.

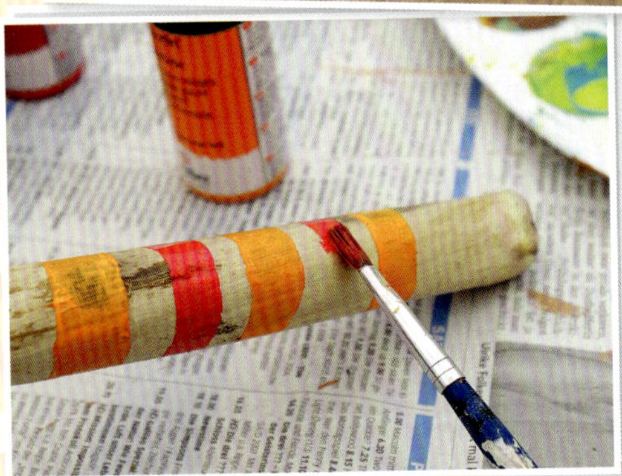

SO GEHT'S

1. Halte den Stock am oberen Ende mit einer Hand gut fest. Mit der anderen schälst du mit dem Taschenmesser die Rinde ab oder spitzt den Stock zu. Achtung: Schneide mit dem Messer immer vom Körper weg! In die Rinde von frischen Ästen kannst du auch Muster, Streifen oder Rillen ritzen und schneiden.

2. Klebe buntes Klebeband in Ringeln oder spiralförmig um einen komplett entrindeten Stock.

3. Wickle bunte Wollreste dicht um einen anderen Stock. Das Fadenende klebst du mit etwas Klebstoff fest.

4. Male mit bunten Acryl- oder Bastelfarben Muster auf weitere geschälte, glatte Stöcke: Punkte, Streifen, Ringel, Zacken, Kreise, Wellen und vieles mehr. Natürlich kannst du auch Filzstifte dafür verwenden.

5. Streiche mit einem Pinsel Bastelleim auf einen Stock. Halte ihn über ein Glas und streue gleichmäßig Glitzerpulver auf die Klebefläche. Das aufgefangene Glitzerpulver in dem Glas schüttest du wieder zurück in die Verpackung.

1 2 3

16

DU BRAUCHST

- Fingerdicke Stöcke und Äste
- Taschenmesser
- Buntes Klebeband
- Wollreste
- Schere
- Klebstoff
- Pinsel
- Acrylfarbe
- Filzstifte
- Glitter

TIPP:

Natürlich kannst du all diese Techniken auch mischen. Je bunter die Stöcke werden, desto besser. Stelle die bunten Stangen zur Dekoration in den Garten oder auf den Balkon. Auch in einer Vase sehen sie toll aus.

PAPIERBLÜTEN-KETTE

Bastle niedliche kleine Papierblüten und fädle sie der Reihe nach auf. Als Girlande kannst du damit Fenster und Geschenke dekorieren oder auch mit ihnen Mobiles herstellen.

EINFACH AUFGEFÄDELT: SO GEHT'S

1. Schneide mithilfe der Schablone aus dem Papier ein Quadrat aus. Falte es zweimal: Lege jeweils die gegenüberliegenden Seiten aufeinander, sodass wieder ein kleines Quadrat entsteht.

2. Halte ein gefaltetes Quadrat an der geschlossenen Ecke fest und schneide rechts und links die Ecken ab. Wenn du das Papier aufklappst, erhältst du ein vierblättriges Blütenblatt. Insgesamt brauchst du ungefähr 20 Blüten.

3. Fädle einen Zwirnfaden in eine Nähnadel und verknote das Fadenende. Ziehe die einzelnen Blüten auf den Faden, indem du mit der Nadel zwei- bis dreimal durch die Blütenmitte stichst.

1 2 3

17

DU BRAUCHST

- Buntes Papier (Tonpapier, Zeitschriften oder Geschenkpapier)
- Schere
- Nähnadel und Zwirn
- Perlen
- Schablone (Quadrat)

DIE PERLENVARIANTE:

1. Noch schöner als die einfach aufgefädelte Papierblütenkette ist die Perlenvariante. Stelle etwa 20 Blüten her. Fädle dann einen Zwirnfaden in eine Nähnadel und verknote das Fadenende. Um die Blüte auf dem Faden festzunähen, stichst du mit der Nadel mittig von unten durch eine Blüte. Dann fädelst du eine kleine Perle auf die Nadel und stichst mit der Nadel wieder durchs Papier. Die Nadel befindet sich nun auf der Rückseite der Blüte.

2. Steche erneut durch die Blütenmitte, diesmal knapp neben dem ersten Loch, sodass Nadel und Faden wieder auf der Vorderseite der Blüte sind.

3. Lass ein paar Zentimeter Platz auf dem Faden und beginne dann mit der nächsten Blüte. Knote an das Ende des Fadens eine Schlaufe zum Aufhängen der Papierblüten-Kette.

TIPP:

In vielen Bastelläden gibt es Motivstanzer in verschiedenen Formen und Größen. Damit kannst du schnell und einfach viele Blüten herstellen.

TROCKENBLUMENBILDER

Im Sommer blüht und sprießt es bunt und frisch im ganzen Garten. Sammle besonders schöne Blüten und Blätter und trockne sie, so hast du länger etwas davon. Bastle dann wunderschöne Bilder daraus.

BLÜTEN TROCKNEN: SO GEHT'S

1. Sammle viele verschiedene kleine Blüten und Blätter. Lege Papierküchentücher auf eine flach ausgebreitete Zeitung und verteile die Blüten und Blätter darauf. Achte darauf, dass die Blüten flach liegen und nicht zerknickt sind.

2. Decke die ausgebreiteten Blüten mit einer Lage Papierküchentücher ab und lege dann einen Stapel großer schwerer Bücher darauf.

3. Jetzt musst du ca. ein bis zwei Wochen warten, bis die Pflanzen gut getrocknet und gepresst sind. Entferne dann den Bücherstapel und das Küchentuch, mit dem du die Blüten und Blätter zugedeckt hast. Löse die zarten getrockneten Blüten vorsichtig vom unteren Küchenpapier (siehe S. 9).

18

DU BRAUCHST

- Kleine Leinwände
- Acryl- oder Bastelfarbe
- Pinsel
- Frühlingsblüten und -blätter
- Küchen- oder Löschpapier
- Serviettenkleber

TROCKENBLÜTENBILDER BASTELN: SO GEHT'S

1. Streiche eine kleine Leinwand mit einem Pinsel in einer schönen Pastellfarbe ein und lass die Farbe gut trocknen.

2. Ordne nun die getrockneten Blüten und Blätter auf der Leinwand an und klebe sie nacheinander mit einem weichen Pinsel und Serviettenkleber fest.

3. Wenn alle Blüten aufgeklebt sind, streichst du die ganze Leinwand noch einmal vorsichtig mit einer Schicht Serviettenkleber ein. Das Bild bekommt dadurch einen matten Glanz, Blüten und Blätter liegen unter einer Schutzschicht.

BUNTE STEINE

Schöne, rund geschliffene Kiesel und Steine fühlen sich nicht nur toll an, du kannst sie auch als bunte Glücksbringer verschenken oder als Merkhilfe verwenden. Oder du dekorierst die Terrasse, den Balkon oder die Fensterbank damit.

SO GEHT'S

1. Bemale die Steine mit einem Pinsel und bunten Acryl- oder Bastelfarben. Wenn die Farbe nicht gleich deckt, übermalst du sie noch einmal. Lass den Stein gut trocken, bevor du weiterarbeitest.

2. Rühre 2–3 Esslöffel Tapetenkleister mit etwas Wasser (siehe Packungsanleitung) an. Er muss einige Zeit quellen, bevor du ihn verwenden kannst. Schneide einzelne Motive aus einer bunten Serviette. Löse dann vorsichtig die unteren Schichten von der oberen bedruckten Lage ab.

3. Lege dein Motiv auf den Stein. Verteile mit dem Pinsel vorsichtig Kleister darüber. Streiche immer von innen nach außen über die Serviette. Dein Motiv klebt so fest auf dem Stein.

1 2 3

19

DU BRAUCHST

- Bunte Servietten
- Tapetenkleister
- Schere
- Einen flachen Pinsel
- Bastelfarbe
- Tafelfarbe oder Kreide-Marker
- Marmorierfarbe oder Nagellack
- Nagellackentferner

MARMORIERTE STEINE: SO GEHT'S

1. Fülle ein altes Gefäß halb voll mit Wasser und tropfe etwas Marmorierfarbe hinein. Du kannst auch verschiedene Farben verwenden.

2. Lass den Stein vorsichtig ins Wasser fallen und fische ihn mit einer alten Plastikgabel wieder heraus. Lege die Steine zum Trocknen auf ein Stück Zeitung. Verwende am besten etwas Nagellackentferner, um deine Finger zu säubern.

BESCHRIEBENE STEINE: SO GEHT'S

1. Wenn du einen größeren flachen Stein mit Tafelfarbe bemalst, kannst du ihn auch als Merkzettel nutzen.

2. Schreibe mit speziellen abwaschbaren Kreide-Markern Notizen darauf.

BEDRUCKTES STRANDTUCH

Ein einfaches Bettlaken wird mit Stoffdruck zu einem schönen Strandtuch für den Badeurlaub. Verschiedene Stempel zum Drucken hast du sicherlich schon zu Hause. Probiere die verschiedenen Techniken aus. Viel Spaß!

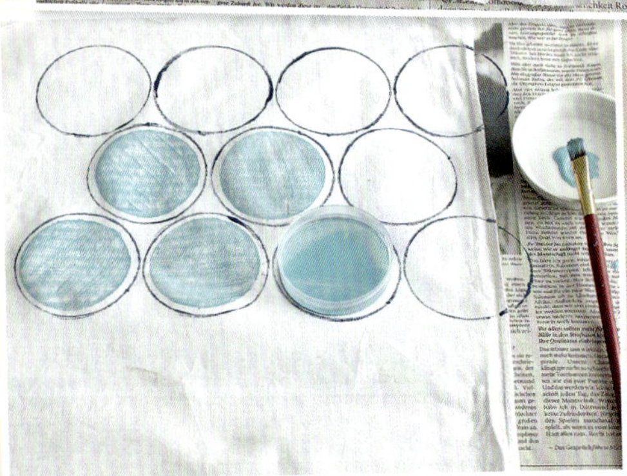

SO GEHT'S

1. Wenn der Tisch nicht groß genug ist, um das Laken komplett darauf auszubreiten, kannst du auch auf dem Bügelbrett arbeiten. Lege es gut mit Zeitung aus und verschiebe den Stoff beim Bedrucken Stück für Stück.

2. Bevor du dich an das große Laken machst, probiere erst einmal auf einem kleinen Stück Stoff ein paar Muster aus. Denke dir dann schöne Muster aus und bedrucke damit das ganze Laken.

3. Pünktchen druckst du mit dem Radiergummi eines Bleistifts. Tauche ihn einfach kurz in die Farbe und drücke den Radiergummi auf den Stoff.

4. Kreise druckst du entweder mit Pappbechern oder den Toilettenpapierrollen. Bestreiche den Rand mit Farbe und drücke ihn vorsichtig und gleichmäßig auf den Stoff.

TIPP:

Natürlich kannst du auch Taschen, Küchentücher, T-Shirts, Kissenhüllen oder Schürzen auf diese Art bedrucken.

20

DU BRAUCHST

- Baumwollstoff, z. B. ein altes Bettlaken
- Alte Zeitungen
- Als Stempel: Korken, Flaschen- und Gläserdeckel, Bleistift mit Radiergummi, Toilettenpapierrollen, Pappbecher ...
- Pinsel
- Textilfarbe
- Pipette (aus dem Bastelladen oder der Apotheke)

5. Größere Punkte druckst du mit Korken oder kleinen Deckeln. Bestreiche deinen „Stempel" mit dem Pinsel mit Textilfarbe und drücke ihn auf den Stoff.

6. Das „Drucken" mit der Pipette geht besonders schnell: Verdünne die Textilfarbe mit etwas Wasser und verrühre sie gut. Nimm die Farbe mit der Pipette auf und setze einzelne Tropfen oder Linien auf den Stoff. Der Punkt wird umso größer, je stärker und länger du die Pipette drückst.

7. Lass den fertig bedruckten Stoff über Nacht trocknen und bügele ihn zum Fixieren, wie es in der Gebrauchsanleitung der Farbe steht. Lass dir dabei von einem Erwachsenen helfen.

MUSCHELANHÄNGER

Besonders schöne Muscheln brauchen auch einen besonders schönen Platz. Bastle aus dem Strandgut einfach kleine Anhänger und schaffe dir eine schöne Urlaubs-Erinnerungs-Galerie.

SO GEHT'S

1. Zerschneide für die Gießform eine Chips-Pappröhre mit der Schere in 3–4 cm breite Streifen. Die Pappe wird beim Schneiden zusammengedrückt, das macht aber nichts. Drücke die Ringe danach einfach wieder in Form.

2. Schneide mit der Schere Alupapier in Quadrate. Die Stücke sollten einige Zentimeter größer als die Pappringe sein. Setze jeden Ring auf ein Alufolienstück und knicke die überstehende Folie nach oben, sodass sie an der Papprolle anliegt. Schon sind deine Gießformen fertig.

3. Rühre die Gießmasse gemäß der Anleitung in einem alten Gefäß an. Fülle etwas Gießmasse in die Formen. Die Schicht sollte ungefähr 1 cm dick sein.

4. Setze einzelne schöne Muscheln in die Mitte der Form und drücke sie leicht in die Gießmasse. Du kannst auch mehrere kleine Muscheln hineinlegen. Die Gießmasse wird schnell fest, arbeite also zügig.

5. Nach dem Trocknen schneidest du die Pappringe auf und entfernst den Taler aus der Form.

1 2 3

22

DU BRAUCHST

- Chips-Pappröhre
- Schere
- Alufolie
- Muscheln und Steine
- Weiße Gießmasse (aus dem Bastelladen)
- Altes Gefäß (zum Anrühren)
- Sandpapier (zum Schleifen)
- Einen kleinen Handbohrer
- Paketschnur

6. Schleife mit einem Stück Sandpapier die Kanten glatt. Fahre mit sanftem Druck über die feste Gipsmasse und entferne so Unebenheiten. Diesen Arbeitsschritt machst du am besten draußen, denn dabei staubt es ganz schön.

7. Lass dir jetzt von einem Erwachsenen helfen. Bohre mit einem kleinen Handbohrer ein Loch für die Aufhängung. Lege den Anhänger hierfür auf eine rutschfeste Unterlage und drehe den Bohrer mit etwas Druck immer im Uhrzeigersinn.

8. Fädle ein Stück Paketschnur durch das Loch und verknote die Enden miteinander. Jetzt kannst du die gegossenen Schmuckstücke dekorativ nebeneinander aufhängen.

TIPP:

Wenn du ganz kleine Muschelanhänger herstellst (z.B. in einer Teelichthülle), kannst du daraus einen Kettenanhänger machen. Fädle ihn einfach auf eine Kette oder ein Lederband.

FREUNDSCHAFTSBAND

Was für eine schöne Tradition! Verschenke als Zeichen deiner Freundschaft diese bunten selbst gemachten Freundschaftsbänder an deine besten Freundinnen und Freunde oder deine Geschwister. Sie werden sich sehr darüber freuen.

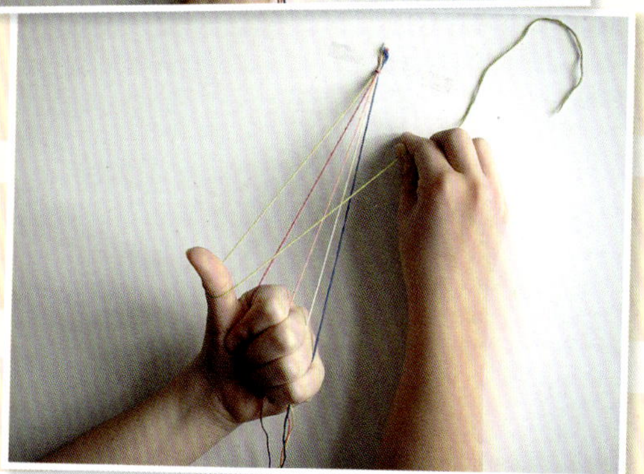

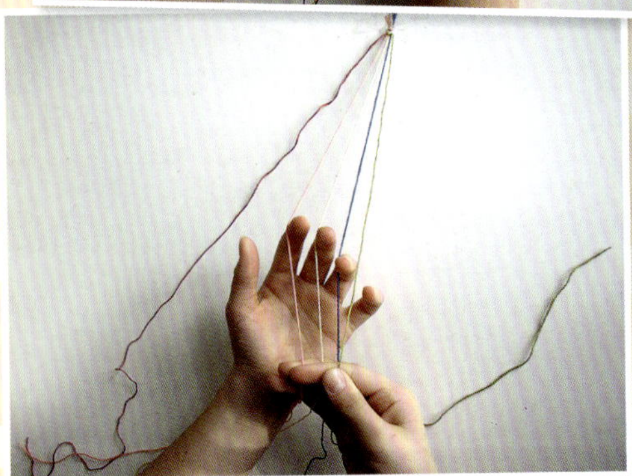

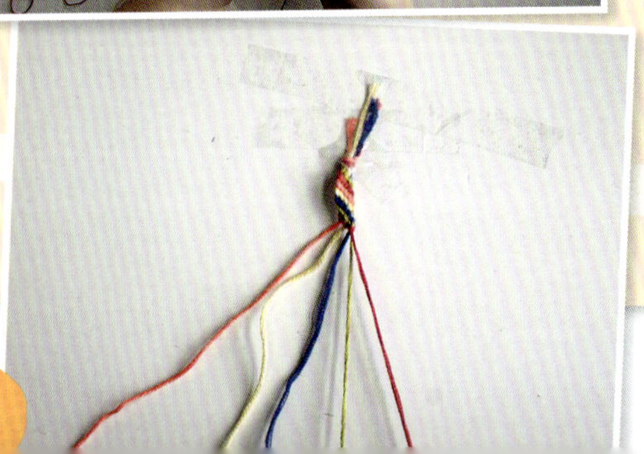

SO GEHT'S

1. Schneide 5 Fäden (je 50 cm) ab, verwende 5 verschiedene Farben. Knote alle an einem Ende zusammen. Einige Zentimeter sollten überstehen, damit du am Ende das Freundschaftsband am Handgelenk befestigen kannst. Fixiere die Bänder oberhalb des Knotens mit einem Streifen Klebeband auf einem Tisch.

2. Lege einen Faden ganz nach links, mit ihm machst du die erste Reihe Knoten. Die anderen vier Fäden verteilst du zwischen den Fingern der linken Hand. Ziehe die Enden stramm und halte sie mit Zug in der geschlossenen Hand fest.

3. Nimm den Knotfaden in die rechte Hand und führe ihn über den Daumen der linken Hand, die anderen Fäden hältst du weiterhin straff in der Hand.

4. Führe den Knotfaden von rechts unter dem ersten der gespannten Fäden (zwischen Daumen und Zeigefinger) hindurch und lege ihn dann über den Knotfaden. Ziehe die Schlaufe fest, indem du am Ende des Knotfadens nach oben ziehst.

21

DU BRAUCHST

- Wolle oder Sticktwist in 5 Farben
- Schere
- Klebeband

5. Jetzt ist der zweite gespannte Faden dran: Führe den Knotfaden wieder von rechts darunter hindurch und ziehe die entstandene Schlaufe fest. So umknotest du nacheinander mit dem Knotfaden die 4 gespannten Fäden von links nach rechts.

6. Nach jeder geknoteten Reihe musst du die Fäden neu sortieren. Der Knotfaden ist von ganz links nach rechts gewandert, alle anderen Farben rutschen eine Position nach links. Nimm den ganz linken Faden wieder als Knotfaden beiseite und halte die anderen 4 Fäden wieder gespannt mit der linken Hand fest. Knote jetzt eine Reihe mit dem neuen Knotfaden.

7. Nach jeder Reihe folgt ein Faden- und damit Farbwechsel. So entstehen sich regelmäßig wiederholende Streifen. Ziehe die Knoten möglichst gleichmäßig fest, aber nicht zu stramm.

8. Wenn das Freundschaftsband lang genug ist, lässt du noch einige Zentimeter Faden stehen. Damit knotest du die Fadenenden auf beiden Seiten des Bands um das Handgelenk.

HANDY-PARKPLATZ

Bastle dir ruckzuck aus Recycling-Material einen Handy-Parkplatz . Dann hat die Sucherei ein Ende – dein Handy erhält einen festen Aufladeplatz auf dem Schreibtisch oder direkt an der Steckdose.

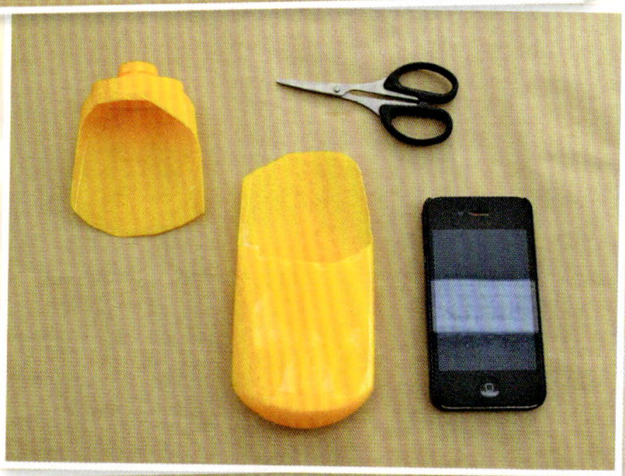

SO GEHT'S

1. Suche dir eine Plastikflasche, die groß und breit genug ist, damit dein Handy hineinpasst. Ziehe alle Etiketten vom Gefäß ab und reinige es gründlich.

2. Zeichne mit dem Marker eine geschwungene Linie für die Öffnung auf.

3. Schneide vorsichtig mit einer scharfen Nagelschere an der Linie entlang und nimm den oberen Teil der Flasche ab. Wenn das Material sehr hart ist, lass dir dabei von einem Erwachsenen helfen.

4. Korrigiere die Form mit der Nagelschere, wenn dir die Kante nicht sofort schön gleichmäßig gelungen ist.

5. Schneide in die obere Lasche ein kleines Kreuz für die Aufhängung. Wenn du den Parkplatz lieber liegend verwenden möchtest, dann knicke die Lasche wie einen Fuß um.

6. Fertig, es sei denn, du möchtest die Handy-Stecktasche noch schön bekleben oder mit Permanentmarker bemalen ...

1 2 3

23

DU BRAUCHST

- Eine Shampoo- oder Duschgelflasche
- Permanentmarker
- Scharfe Nagelschere

TIPP:

Du kannst dir auch eine tolle Handystation aus Bausteinen zusammenstecken. Deiner Fantasie sind keine Grenzen gesetzt!

STIFTEHALTER

Herrscht an deinem Arbeitsplatz Chaos? Mit einem selbst gebastelten Stiftehalter bringst du Ordnung auf den Schreibtisch. So findest du ohne viel Sucherei Stifte, Scheren, Lineale und Co. auf Anhieb wieder.

SO GEHT'S

1. Das Bastelmaterial findest du im Altpapier. Sammle leere Toilettenpapierrollen und suche einen Karton oder eine Schachtel, die nicht höher als die Papprollen ist. Schneide die Rollen mit einem Cuttermesser oder einer scharfen Schere so zurecht, dass sie genauso hoch wie der Schuhkarton oder die Zigarrenkiste sind. Benutze dafür eine Schneidematte oder ein Küchenbrett.

2. Beklebe den Karton rundherum mit schönem Papier oder streiche ihn mit Bastelfarben bunt an, ganz nach deinem Geschmack.

3. Male die Papprollen innen und außen mit Bastelfarben an und lass sie gut trocknen. Verwende für lange Gegenstände wie Lineale und Pinsel längere Papprollen von Küchenpapiertüchern.

4. Stelle so viele Papprollen in den Karton wie hineinpassen, ohne dass diese gequetscht werden.

24

DU BRAUCHST

- Einen kleinen Schuhkarton oder eine Zigarrenkiste
- Cuttermesser oder Schere
- Buntes Papier oder Bastelfarben und Pinsel
- Bastelleim
- 10–15 Toiletten- oder Küchenpapierrollen

TIPP:

Als einzelne Stiftekköcher eignen sich auch leere Konservendosen oder Marmeladengläser sehr gut. Beklebe sie oder male sie schön an.

TRAUMFÄNGER

In einem Traumfänger bleiben schlechte Träume hängen, so sagt es ein alter indianischer Brauch. Nur die schönen Träume kommen hindurch und besuchen dich im Schlaf. Wenn das mal kein Grund zu basteln ist.

SO GEHT'S

1. Biege eine lange Weidenrute zu einem tellergroßen Kreis. Halte die Enden fest übereinander, damit der Ring nicht aufspringt, und umwickle sie mit einem Stück Draht.

2. Umwickle den kompletten Ring mit Wolle oder einem Stoffband. Drücke, falls notwendig, den Ring noch einmal in Form, sodass er schön rund ist.

3. Spanne nun ein sternförmiges Netz in den Ring. Ziehe hierfür den Faden von einer Seite zur gegenüberliegenden und wickle ihn einmal fest um den Ring. Spanne ihn dann wieder auf die andere Seite des Rings, wickle ihn diesmal ein paar Zentimeter rechts vom Ausgangspunkt um den Ring. Fahre so fort, bis das Netz fertig ist. Knote zum Schluss das Ende des Fadens am Ring fest.

25

DU BRAUCHST

- Elastische, frische dünne Zweige, ca. 50 cm lang (z.B. Weidenzweige)
- Draht und Drahtzange
- Bunte Wollreste
- Schere
- Große Stopfnadel
- Bunte Perlen
- Federn

4. Bastle jetzt drei Federanhänger. Fädle hierfür mit einer Stopfnadel Perlen auf einen Wollfaden und knote an ein Ende eine schöne große Feder. Knote die Federanhänger an den unteren Rand des Kreises und schneide alle überstehenden Fäden ab.

5. Befestige zuletzt eine Schlaufe als Aufhängung am oberen Rand des Traumfängers.

SCHMUCKHAND

An einer Hand aus Gips kannst du nicht nur Fingerringe schön präsentieren, sondern auch Ketten und Armbänder aufbewahren. Noch dazu sieht das echt dekorativ aus. Deine Freundinnen werden neidisch sein.

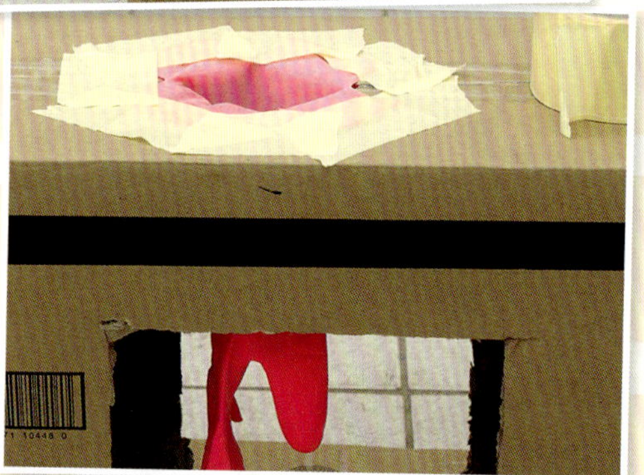

SO GEHT'S

1. Der Karton dient als Halterung zum Ausgießen des Handschuhs. Drehe ihn auf die offene Seite und schneide in den Boden ein Loch, das ungefähr so groß wie die Öffnung des Handschuhs ist. Schnipple auch rechts und links in den Karton Öffnungen, sodass du in ihn hineingreifen kannst.

2. Schneide nun den Schaft des Gummihandschuhs am unteren Ende etwas ein und klebe den eingeschnittenen Rand mit Klebeband fest in die Öffnung, die Gummihand hängt jetzt im Karton.

3. Rühre Gips oder Gießmasse mit Wasser zu einem dicklichen Brei an und gieße die Masse in den hängenden Handschuh. Drücke durch die seitlichen Löcher im Karton vorsichtig die Finger des Handschuhs zusammen, um Luftbläschen im Gips zu entfernen. Lass den Gips über Nacht trocknen.

1 2 3

26

DU BRAUCHST

- Gummihandschuh
- Einen hohen Karton
- Schere
- Klebeband
- Gips oder Gießmasse
- Ein altes Gefäß zum Anrühren

4. Nimm den Handschuh aus der Kartonkonstruktion heraus, indem du die Klebestreifen an dessen Schaft entfernst. Schneide nun den Gummihandschuh auf und ziehe die Gipshand vorsichtig heraus.

5. Unebenheiten am Fuß kannst du mit etwas Schleifpapier bearbeiten.

TIPP:

Wenn du magst, kannst du die Schmuckhand mit Acrylfarben bemalen.

HERBST

Hurra – der Herbst ist da! Und draußen wimmelt es nur so von schönem Natur-Bastelmaterial wie bunten Blättern, Blüten und Beeren. Auch das Halloween-Fest ist ein guter Anlass, mal wieder Kleber und Schere herauszusuchen und sich ran ans Basteln zu machen.

S. 74

S. 70

S. 78

S. 84

S. 68

S. 82

S. 76

S. 72

S. 80

LAVENDELSÄCKCHEN

Lavendelpflanzen im Garten sehen toll aus und riechen so gut! Mücken und Motten mögen den Duft allerdings gar nicht. Mit kleinen Duftsäckchen für den Kleiderschrank riecht die Wäsche also nicht nur gut, du vertreibst auch Kleidermotten.

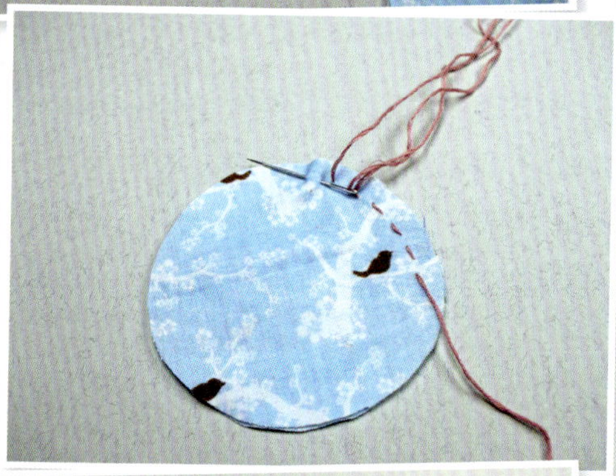

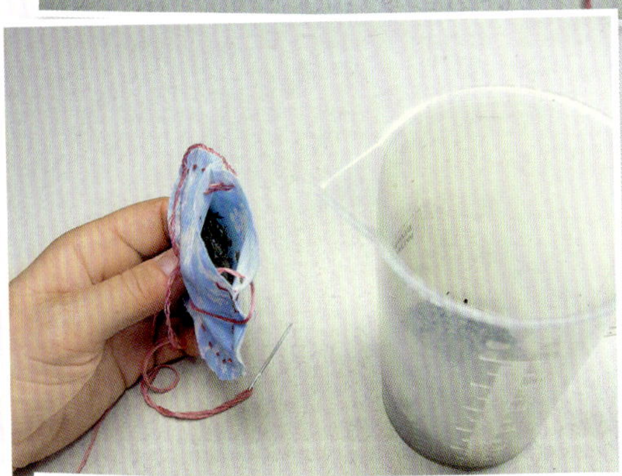

SO GEHT'S

1. Der beste Zeitpunkt, um Lavendel zu ernten, ist der Sommer. Es sollten noch nicht alle Blüten aufgeblüht und die Pflanzen sollten trocken sein. Schneide mit der Schere die Stängel ca. 10 cm unterhalb der Blüte ab.

2. Binde kleine Lavendelsträuße und hänge sie zum Trocknen an einen schattigen und gut gelüfteten Ort. Das Trocknen dauert ca. 1–2 Wochen, danach kannst du die Blüten weiterverwerten.

3. Nimm einen Blütenstängel und halte ihn über eine große Schüssel. Streife mit Daumen und Zeigefinger die getrockneten Blüten vom Stängel. Ernte so alle Blüten von den Stängeln ab.

4. Zeichne mithilfe eines Kaffeebechers zwei gleich große Kreise auf ein Stück Stoff. Fahre dabei mit dem Stift am Becherrand entlang. Schneide anschließend die Kreise aus. Falls du eine Zackenschere zu Hause hast, solltest du sie dafür verwenden (siehe S. 7).

27

DU BRAUCHST

- Baumwollstoffe
- Lavendelblüten
- Kaffeebecher als Schablone
- Bleistift
- Schere, wenn vorhanden Zackenschere
- Stecknadeln
- Nähnadel
- Buntes Stickgarn

5. Lege nun die beiden Stoffkreise so aufeinander, dass die bedruckten Seiten außen sind, und fixiere sie mit Stecknadeln. Nähe dann die beiden Kreise mit dem Vorstich (siehe S. 6) ungefähr 1 cm vom Stoffrand entfernt zusammen. Lass am Ende eine 2–3 cm große Öffnung.

6. Fülle Lavendelblüten in ein Gefäß mit Ausguss und schütte sie durch die Öffnung in das Beutelchen. Nähe daraufhin mit ein paar Stichen die restliche Naht zu. Achte darauf, dass Anfang und Ende des Fadens auf der gleichen Seite des kleinen Kissens liegen.

7. Verknote die beiden Fadenenden miteinander oder binde eine kleine Schleife. Den restlichen Facen kannst du abschneiden.

8. Stecke die kleinen Lavendelsäckchen zwischen die Kleider- und Wäschestücke im Kleiderschrank. Wenn der Duft nachlässt, knete die Kissen einfach etwas in der Hand herum und schon riechen sie wieder.

PINATA-ÜBERRASCHUNG!

Suche dir für deine Pinata eine einfache Form aus, etwa ein Herz, einen Kreis für eine Fussballpinata, einen Buchstaben oder eine Zahl. Wenn du den Körper gebastelt hast, wird er schön bunt und passend dekoriert.

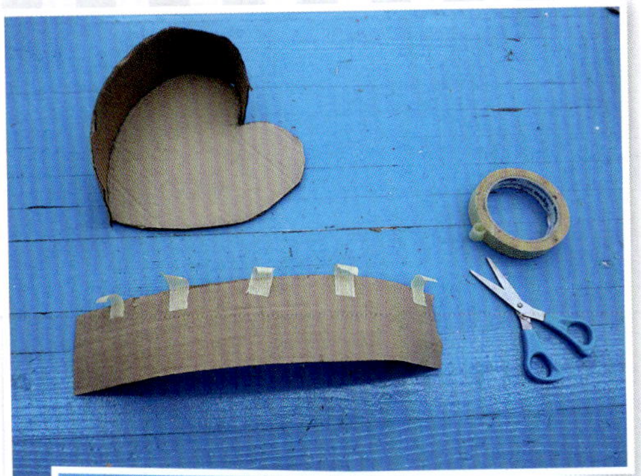

SO GEHT'S

1. Zeichne ein großes Herz (ca. 20–30 cm hoch, siehe Schablone auf S. 123) auf ein Stück Pappe. Schneide die Form entlang der Linie aus und lege sie auf ein zweites Stück Pappe. Übertrage die Form darauf und schneide sie aus.

2. Schneide zwei ca. 5 cm breite Pappstreifen zurecht und biege sie etwas rund. Kürze sie so, dass jeder Streifen so lang ist wie eine Herzhälfte.

3. Schneide Streifen vom Kreppklebeband ab und klebe sie zur Hälfte auf die Kanten der Pappstreifen. Lege jetzt die Pappstreifen an die Herzkante und befestige die Teile mit dem überstehenden Klebeband aneinander.

4. Steche zum Aufhängen der Pinata zwei kleine Löcher oben in den Rand der Pappstreifen, fädle eine Schnur hindurch und verknote sie im Inneren.

5. Lege Süßigkeiten oder ein kleines Geschenk in das Herz, bevor du das zweite Pappherz, den Deckel, auflegst und ebenfalls mit Klebestreifen festklebst.

28

DU BRAUCHST

- Pappe (z.B. aus einem Karton)
- Kreppklebeband
- Doppelseitiges Klebeband
- Schnur
- Krepppapier

6. Schneide 4–5 cm breite Krepppapierstreifen etwa bis zur Hälfte mit einer scharfen Schere fransig ein.

7. Klebe Streifen des doppelseitigen Klebebands rundum auf das Herz und ziehe nach und nach, während du die Fransen um das Herz wickelst, die Schutzfolie ab. Achte darauf, dass sich die Fransenstreifen immer etwas überlappen, sodass am Ende das ganz Herze mit buntem Krepppapier bedeckt ist.

FINGERSTRICKEN

Fingerstricken funktioniert ganz ohne Hilfsmittel – supereinfach und noch dazu schnell. Wann immer du Lust und etwas Wolle hast, strickst du lange Schläuche für Ketten, Gürtel, Schals oder einfach so zum Spaß.

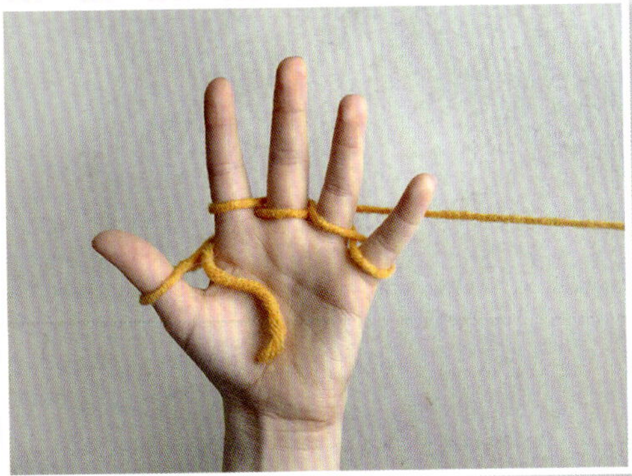

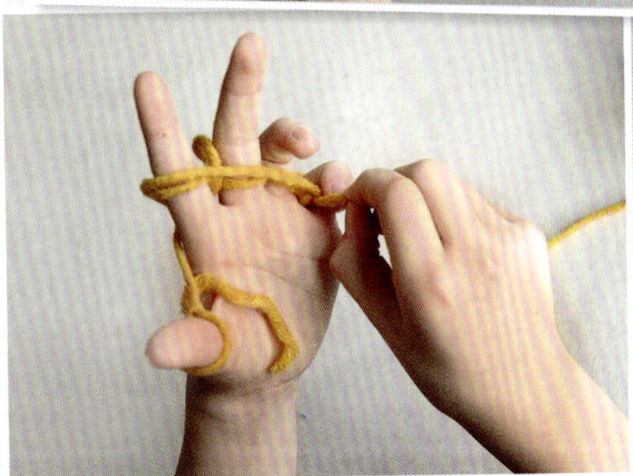

SO GEHT'S

1. Knote in das Fadenende des Wollknäuels eine Schlaufe und lege sie über den Daumen deiner linken Hand. Halte die Handfläche nach oben und führe den Faden von dort abwechselnd unter und über den Fingern hindurch. Lege ihn unter den Zeigefinger, dann über den Mittel-, unter den Ring- und über den kleinen Finger.

2. Wickle den Faden nun in die entgegengesetzte Richtung zurück: Lege dabei den Faden unter den kleinen Finger, über den Ring-, unter den Mittel- und über den Zeigefinger.

3. Führe jetzt den Faden einmal um deine Hand herum: zuerst hinter allen Fingern nach rechts, dann außen um den kleinen Finger wieder nach vorne und vor den Fingern zurück nach links bis zum Daumen.

4. Fange an deinem kleinen Finger an zu stricken. Ziehe den gewickelten Faden über den lose darüber liegenden Faden. Dann ziehst du den gewickelten Faden des Ringfingers über den losen Faden darüber, ebenso verfährst du beim Mittel- und Zeigefinger.

29

DU BRAUCHST

- Dicke Wolle
- Schere

5. Jetzt wickelst du wieder einen Faden vom Wollknäuel um deine Hand. Stricke wieder in der gleichen Reihenfolge, vom kleinen bis zum Zeigefinger. So strickst du eine Reihe nach der anderen.

6. Ziehe nach ein paar Reihen die Ausgangsschlaufe vom Daumen. Es bildet sich auf der Handrückseite ein Schlauch. Ziehe immer wieder nach ein paar Reihen daran, damit er sich zusammenzieht.

7. Wenn du den Schlauch beenden möchtest, schneidest du den Faden ab und führst ihn durch alle Schlaufen am Finger. Ziehe die Schlaufen vom Finger und ziehe den Faden fest an. Fertig!

TIPP:

Wenn du mit dem losen Fadenende beide Schlauchenden zusammennähst, bekommst du eine Kette oder einen Loopschaal. Besonders schön sieht es aus, wenn du aus drei Schläuchen einen Zopfschal flechtest, die geflochtenen Enden nähst du am Schluss mit ein paar Stichen fest, damit er nicht wieder aufgeht.

SCHMUCKSCHÄLCHEN

Ein tolles Geschenk für deine Mutter oder auch eine Freundin: eine kleine Schale, die aus Stoff- und Spitzenstücken geklebt wird. Wenn du transparenten Stoff verwendest, entsteht so ein wunderschönes Windlicht.

SO GEHT'S

1. Blase einen Luftballon auf und knote ihn zu. Setze ihn, damit er nicht wegrollt, mit der Öffnung nach unten in ein Schälchen.

2. Schneide ungefähr 10–15 schmale Dreiecke aus Stoff zu. Sie müssen nicht alle gleich groß sein.

3. Rühre zwei Teelöffel Holzleim mit zwei Teelöffeln Wasser mit einem kleinen Löffel in einem Schälchen an. Lege die Stoffdreiecke nacheinander in die Holzleim-Wasser-Mischung und lass den Stoff etwas einweichen. Nimm ihn danach wieder heraus und drücke ihn aus.

4. Lege die Dreiecke nebeneinander auf den Ballon; die spitze Ecke in die Mitte, die breite Seite nach außen, bis der untere Teil des Ballons komplett mit Stoff bedeckt ist. Die Dreiecke sollen sich dabei überlappen.

5. Lass den nassen Stoff über Nacht trocknen. Zerstich am nächsten Tag den Luftballon und ziehe ihn vorsichtig vom Schälchen ab.

6. Die Kante des Stoffschälchens schneidest du mit einer Schere rundherum gerade.

1 2 3

30

DU BRAUCHST

- Luftballons
- Kleine Schale
- Stoff- und Spitzenreste
- Holzleim
- Schere
- Kleine Schale (zum Anrühren)

TIPP:

Weißen Gardinen- oder Spitzenstoff kannst du vor dem Kleben auch einfärben. Löse einen Esslöffel Acryl- oder Bastelfarbe in einem halben Becher Wasser auf. Auch Tinte kannst du zum Färben verwenden. Tauche das Deckchen hinein und achte darauf, dass das Farbwasser überall gleichmäßig hingelangt. Lass das nasse Deckchen auf einer Plastiktüte trocknen.

HERBSTKRANZ

Im Herbst findest du besonders viele schöne Dinge im Wald und im Garten: buntes Herbstlaub, Beeren, Moos, Samen und Nüsse. Verwende sie, um einen dekorativen Kranz daraus zu basteln, und hänge ihn auf.

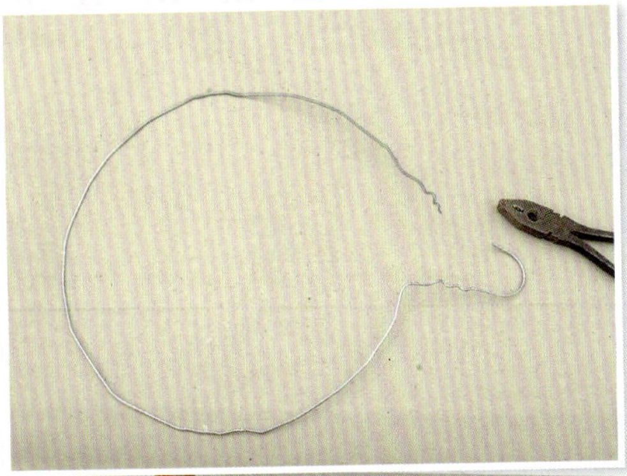

SO GEHT'S

1. Biege den unteren Teil eines Drahtkleiderbügels mit den Händen oder einer Drahtzange in eine Kreisform.

2. Drehe den Verschluss des Drahts auf. Mit der Zange kannst du den Draht besser festhalten und hast mehr Kraft.

3. Um harte Dinge, wie z.B. Kastanien, aufzufädeln, bohrst du mit dem Handbohrer vorsichtig Löcher hinein.

4. Auf den geöffneten Drahtbügel fädelst du nun deine Herbst-Fundstücke, stich den Draht einfach hindurch.

5. Am Schluss hältst du ein Drahtende des Bügels mit der Drahtzange fest und verdrehst die beiden Drahtenden wieder miteinander. Mit dem Haken kann der Kranz sofort an Wände und Türen aufgehängt werden.

31

DU BRAUCHST

- Drahtkleiderbügel
- Draht und Drahtzange
- Handbohrer
- Kastanien, trockenes Laub, Beeren, Nüsse, Bucheckern, Zapfen oder getrocknete Blütendolden

TIPP:

Im Frühling und Sommer sieht der Kranz auch toll mit getrockneten Blütendolden, etwa. Hortensien, aus.

STOPPERSOCKEN

Ob zu Hause beim Spielen und Toben auf glattem Boden oder auf dem Indoor-Spielplatz – ohne Stoppersocken wird es manchmal ganz schön rutschig! Bastle dir mit spezieller Farbe deine eigenen Stoppersocken!

SO GEHT'S

1. Ziehe die Socken an und stelle dich auf einen Bogen Pappe. Zeichne die Umrisse deiner Füße mit dem Bleistift nach und schneide die Fußabdrücke mit der Schere aus.

2. Stopfe den rechten und linken Fußabdruck nun jeweils so in die Socken, dass sie an der richtigen Stelle im Sohlenbereich liegen. Lege die Socken flach mit der Sohle nach oben vor dich auf den Tisch.

3. Bemale jetzt die Sockensohlen mit der Farbe: mit Pünktchen, Blumen, Smileys, Streifen oder Karos. Arbeite ein- oder mehrfarbig – genau so, wie es dir gefällt. Die Fläschchen haben eine Malspitze. Wenn du sanft auf die Flasche drückst, kannst du die Farbe mit der Spitze auf der Sohle verteilen.
Wenn die Farbe zu dünn ist (z.B. bei grob gestrickten Socken), dann male die Motive ein zweites Mal nach.

4. Lass die Socken über Nacht trocknen. Danach ziehst du die Pappe wieder heraus.

1 2 3

32

DU BRAUCHST

- Dicke Socken
- Pappe
- Bleistift
- Schere
- Sockenbrems- oder Sock-Stop-Farbe (aus dem Bastelladen)

TIPP:

Du kannst die Farbe natürlich auch zum Bemalen von Stoffen, z.B. T-Shirts, verwenden. Die Farbpaste liegt dick auf dem Stoff, diesen Effekt kannst du für Aufschriften und Zeichnungen nutzen.

SCHLÜSSELANHÄNGER

Hübsche Schlüsselanhänger bringen Ordnung in das Schlüsseldurcheinander. Außerdem sieht dann jeder sofort, welcher Schlüssel wem gehört – das ist erst recht der Fall, wenn sie knallbunt und beschriftet sind.

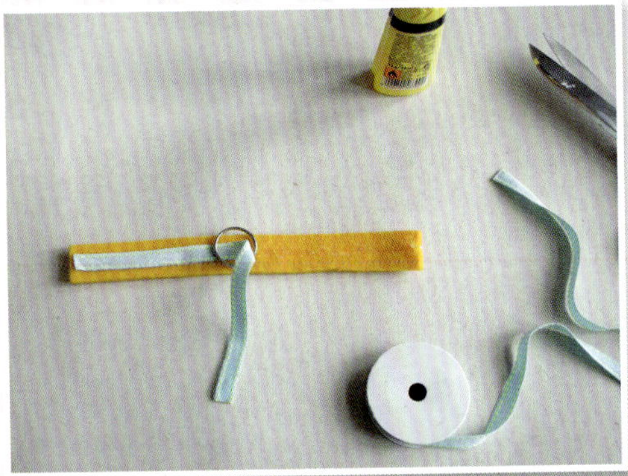

SCHLÜSSELBAND: SO GEHT'S

1. Schneide mit der Schere einen Streifen Filz in der Größe 2 cm x 20 cm zurecht.

2. Klebe mit Klebstoff das Stoffband bis zur Hälfte auf den Filzstreifen. Fädle dann einen Schlüsselring auf das Stoffband und klebe die zweite Hälfte des Bands fest.

3. Knicke nun den Filzstreifen in der Mitte und klebe beide Seiten aufeinander.

4. Damit der Schlüsselring fest fixiert ist, nähst du mit 3–4 Rückstichen (siehe S. 6) knapp unterhalb des Knicks quer einmal hin und zurück über den Schlüsselanhänger.

Praktisches

1 2 3

33

DU BRAUCHST

- Schere
- Dicken Bastelfilz (aus dem Bastelladen)
- Klebstoff
- Stoffband (ca. 2 cm breit, 5 cm lang)
- Schlüsselring oder Karabinerhaken
- Nähnadel und Nähgarn
- Bunte Baumwollstoffreste
- Eierbecher oder Glas (als Schablone)
- Bleistift
- Zackenschere
- Knopf

RUNDE ANHÄNGER: SO GEHT'S

1. Setze jeweils ein kleines Glas oder einen Eierbecher auf Filz und Stoff und zeichne die Kontur mit Bleistift nach. Dann schneidest du die Kreise mit einer Zackenschere (siehe S. 7) aus und klebst beide Teile aufeinander.

2. Nähe einen kleinen Knopf als Verzierung auf die Vorderseite.

3. Schneide einen weiteren Filzkreis aus, der etwas größer als die beiden anderen ist. Fädle als Nächstes einen Schlüsselring auf ein etwa 6 cm langes Stoffband und knicke es ungefähr mittig. Klebe den Filzkreis und die Anhängeroberseite mit dem Band dazwischen zusammen.

KLASSE KÜRBISKÖPFE

Gruselige Halloween-Kürbisse sind eine tolle Dekoration! Du kannst sie schnitzen, ritzen, aushöhlen, von innen beleuchten, aber auch bemalen. Mal schön schaurig – oder auch lustig bunt.

ANMALEN: SO GEHT'S

1. Kleine Kürbisse sind oft hart und schwierig zu schneiden. Du kannst sie aber sehr gut bemalen. Verwende einen schwarzen Filzstift und male dein Motiv auf: gruselige Gesichter, Spinnen und Spinnennetze, Totenköpfe oder auch einen Text.

2. Große Flächen und Muster malst du mit Pinsel und Bastelfarbe auf den Kürbis. Gib dazu etwas Bastelfarbe zum Anrühren in einen Schraubdeckel oder auf einen Teller.

AUSSCHNEIDEN UND AUSSTECHEN: SO GEHT'S

1. Damit du dich beim Schneiden und Schnitzen nicht verletzt, trägst du am besten feste Handschuhe und arbeitest auf einem Tisch. Schneide rund um den Stiel mit einem Küchenmesser einen runden Deckel aus dem Kürbis. Lass dir dabei von einem Erwachsenen helfen.

34

DU BRAUCHST

- Kleine und große Kürbisse
- Wasserfesten Filzstift
- Bastelfarbe zum Bemalen
- Pinsel
- Ein kleines Küchenmesser
- Eisportionierer oder Esslöffel
- Runder Apfelausstecher
- Teelicht oder Lichterkette

2. Nimm mit der Hand das weiche Kürbisfleisch und die Kerne heraus. Entferne dann mit einem Eisportionierer oder Esslöffel rundherum das feste Fruchtfleisch.

3. Ob die Kürbiswände dünn genug sind, sieht du beim Lichttest: Halte eine Taschenlampe hinein und prüfe, ob das Licht schon durchleuchtet.

4. Stich nun mit einem Apfelausstecher Löcher in die Kürbishülle.

5. Du kannst mit einem scharfen Messer auch nur die äußere Schale abschälen. Zeichne mit einem Stift ein Gesicht auf, ritze mit einem Messer die Linie nach und entferne vorsichtig die Schale innerhalb der Kontur. Hier leuchtet dann das Licht besonders hell.

6. Stelle ein kleines Glas mit einem Teelicht zur Beleuchtung in den Kürbis oder verwende eine Lichterkette.

HALLOWEEN-DEKO

Am 31. Oktober ist Halloween. Damit es zur Hochsaison für Hexen, Gespenster und Gruselfans bei euch auch schön unheimlich aussieht, bastelst du die nötige Dekoration, zum Beispiel diese Mumienlichter und Flattergeister.

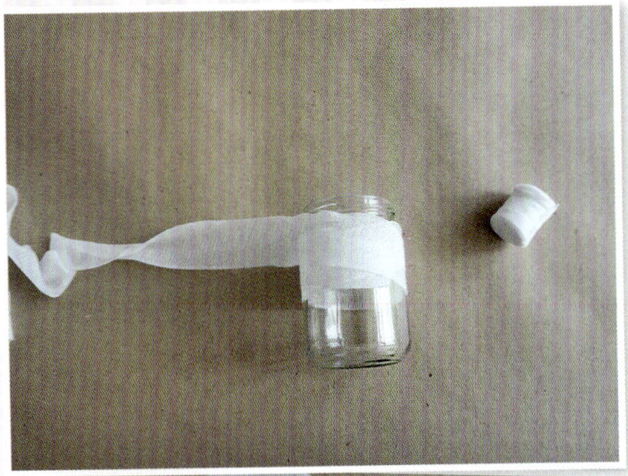

MUMIENLICHTER: SO GEHT'S

1. Wickle das Glas mit der Mullbinde von oben bis unten in 2–3 Lagen schön fest ein. Nicht mehr, denn sonst scheint kein Licht mehr hindurch.

2. Schneide dann die Mullbinde ab und stecke das Ende unter einer der Lagen fest.

3. Schneide Schlitzaugen aus schwarzem Tonpapier aus und male weiße Punkte hinein. Klebe die Augen mit Klebstoff auf. Schalte das LED-Licht an, stell es innen auf den Deckel und schraube das Glas mit dem Verschluss nach unten zu. Fertig ist die Grusel-Leuchte!

35

DU BRAUCHST

- Schraubgläser
- Klebstoff
- 5–6 Mullbinden
- Toilettenpapierrollen
- Schere
- LED-Teelichter
- Kulleraugen oder schwarzes Tonpapier und einen weißen Stift

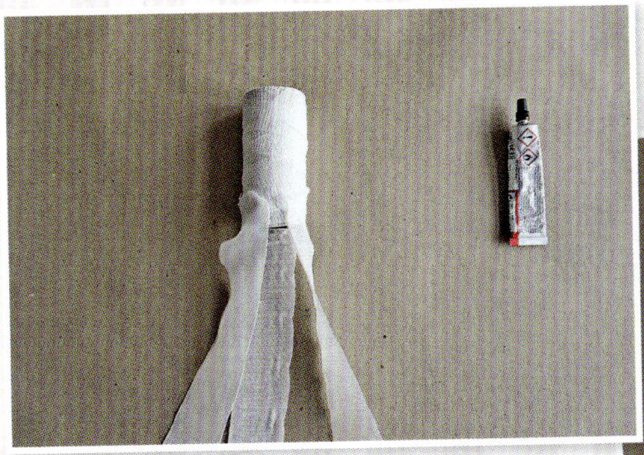

FLATTERGEISTER: SO GEHT'S

1. Wenn du Mullbindenreste übrig hast, bastle noch ein paar schaurige Flattergeister. Nimm eine Toilettenpapierrolle und umwickle sie oben und rundherum straff mit Mullbinde.

2. Klebe die Enden von drei längeren Mullbindestreifen unten an die Rolle und wickle noch einmal eine Lage Mullbinde um Rolle und Klebestellen.

3. Klebe zum Schluss noch ein paar Kulleraugen an und fädle einen dünnen Draht zum Aufhängen durch den Stoff. Die Gespenster lässt du am besten im Garten oder auf dem Balkon im Wind flattern.

WINTER

Im Winter verbringen wir viel Zeit zu Hause, es gibt also auch viele Gelegenheiten kreativ zu werden und zum Beispiel schon mal ein paar Weihnachtsgeschenke für Eltern, Freunde, Omas und Opas zu basteln. Und natürlich schöne Advents- und Weihnachtsdekoration!

S. 92

S. 114

S. 100

S. 102

S. 104

S. 90

S. 94

S. 108

S. 110

GLITZERKERZENSTÄNDER

So richtig weihnachtlich wird es, wenn es überall strahlt, funkelt und glitzert. Mit Pinsel, Leim und Glitzerpulver verwandelst du einfache Flaschen und Gläser in tolle Glitzerleuchter.

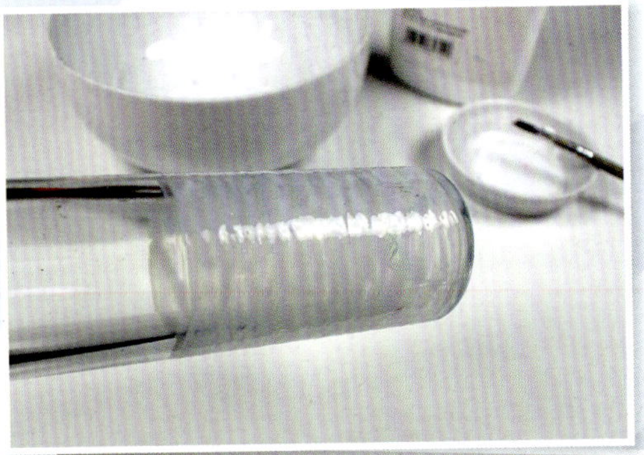

SO GEHT'S

1. Reinige die Gläser und Flaschen gründlich mit warmem Wasser und Spülmittel. Streiche mit einem flachen breiten Pinsel Leim auf das Glas.

2. Wenn du eine gerade Linie haben möchtest, dann klebe einen Streifen Klebeband rund um die Flasche und verstreiche den Leim nur bis an den Kleberand.

3. Halte das eingeleimte Glas über eine Schüssel oder einen Bogen festes Papier, um das Glitzerpulver damit aufzufangen. Drehe das Glas langsam und streue dabei gleichmäßig Glitzerpulver über den Leim. Dann lässt du den Leim gut trocknen.

4. Mit einer feinen Klebstofflinie kannst du auch Muster und Punkte malen, die du dann beglitzerst.

5. Nimm eine für den Flaschenhals passende Kerze und drehe sie fest in die Öffnung. In weite Gläser stellst du eine kurze dicke Kerze oder ein Teelicht.

1 2 3

36

DAS BRAUCHEN WIR

- Alte Flaschen und Gläser
- Leim
- Einen breiten flachen Pinsel
- Glitzerpulver (aus dem Bastelladen)
- Festes Papier
- Dünne Kerzen und Teelichter

6. Um das Glitzerpulver auf dem Papier noch einmal verwenden zu können, hältst du den Papierbogen an beiden Enden hoch, sodass sich der Glitzer in der Mitte des Bogens sammelt. Knicke den Bogen mittig einmal zusammen und „gieße" das Glitzerpulver über die Knickkante zurück in das Gefäß.

TIPP:

Nicht nur Gläser lassen sich beglitzern. Du kannst auch Postkarten, Geschenkpapier, Weihnachtskugeln, Tannenzapfen, Zweige oder kleine Plastikfiguren bestreuen. Wenn du einmal damit anfängst, kannst du nicht wieder aufhören!

GEBRANNTE MANDELN

Diese köstlichen gebrannten Mandeln duften schon bei der Zubereitung einfach herrlich, sie sind schnell verputzt und schmecken nicht nur in der Advents- und Weihnachtszeit. Hübsch verpackt sind sie auch ein tolles Mitbringsel.

GEBRANNTE MANDELN: SO GEHT'S

1. Lege ein Backblech mit Backpapier aus und heize den Backofen auf 200 Grad vor. Lass dir dabei von einem Erwachsenen helfen.

2. Fülle das Wasser und den Zucker in einen kleinen Stieltopf und erhitze beides, bis sich der Zucker aufgelöst hat. Gebe jetzt die Mandeln hinzu und rühre einmal vorsichtig um.

3. Kippe die Mandeln mit dem Zuckerwasser auf das mit Backpapier ausgelegte Blech. Verteile sie etwas mit einem Löffel, sodass sie nicht aneinanderkleben.

4. Schiebe das Blech in den Backofen und röste die Mandeln ca. 20 Minuten lang. Dadurch werden sie schön knusprig. Aber Vorsicht: Vor dem Naschen müssen die Mandeln erst auskühlen.

37

DU BRAUCHST

- 200 g ungeschälte Mandeln
- 20 ml Wasser
- 20 g Zucker
- 1 TL Zimt oder Lebkuchengewürz
- Backpapier

Für die Tüten:

- Butterbrotpapier
- Klebeband

SPITZTÜTEN: SO GEHT'S

1. Für eine gerollte Papiertüte brauchst du ein dreieckiges Stück Butterbrotpapier. Nimm dafür eine Rolle Butterbrotpapier und knicke das Papier diagonal, sodass du ein Dreieck erhältst. Schneide das Papier entlang der Knicklinie auseinander.

2. Halte das Dreieck in der Mitte der langen Seite fest und drehe die Spitzen rechts und links davon so ein, dass alle Ecken des Dreiecks aufeinanderliegen.

3. Damit die Tüte nicht wieder aufgeht, klebst du die Kante auf der Rückseite mit einem Stück Klebeband fest. Fülle die Mandeln hinein und klappe die überstehende Spitze zum Verschließen zu.

FESTLICHE LICHTER

Du brauchst noch ein paar Weihnachtsgeschenke? Dann mach dich gleich an die Arbeit! Diese kleinen Kerzenständer und Teelichthalter sind einfach zauberhaft und außerdem hast du sie schnell gegossen.

SO GEHT'S

1. Rühre in einem alten Gefäß (z.B. einer Konservendose) einen dicken Brei aus Gips oder Gießmasse und Wasser an. Achte auf das Mischungsverhältnis auf der Verpackung. Gips wird schnell hart. Fülle ihn darum zügig etwa bis zur Hälfte in die Becher.

2. Drücke nun einen Kerzenstummel oder ein Teelicht in die Mitte der Masse. Lass die Gießmasse gemäß Anleitung fest werden und schneide dann die gegossene Form aus dem Becher heraus.

3. Ziehe nun vorsichtig das Teelicht bzw. die Kerze wieder aus dem Gips raus.

4. Schmirgle mit einem Stück Schleifpapier die Kanten und die Vertiefung schön glatt.

5. Male zum Schluss die Kerzenhalter ganz nach deinem Geschmack mit bunter Farbe an.

38

DU BRAUCHST

- Ausgespülte Joghurtbecher in verschiedenen Größen
- Gips oder Gießmasse (aus dem Bastelladen)
- Kerzen oder Teelichter
- Feines Sandpapier
- Pinsel, Wasser und Acrylfarben

WEIHNACHTSBÄUMCHEN

Sammle grün gemustertes Papier aus Zeitschriften oder Katalogen und Geschenkpapierreste. Bastle daraus diese kleinen, niedlichen Apfel-Weihnachtsbäumchen. Sie sind schnell gemacht und eine schöne Dekoration.

SO GEHT'S

1. Schneide das einfarbige oder grün gemusterte Papier in ca. 1–2 cm breite Streifen.

2. Schneide die Streifen in verschiedene Längen: Die längsten sind 10 cm lang, die kürzesten ca. 2 cm. Von den langen Streifen benötigst du ca. 10 Stück, von den ganz kurzen weniger.

3. Sortiere die Streifen der Länge nach.

4. Nimm einen Holzspieß und pikse nun die Papierstreifen nacheinander in der Mitte auf. Beginne mit den langen Streifen, verwende dann die nächstkleineren und so weiter, bis alle Streifen aufgefädelt sind.

5. Schiebe nun die Streifen auf dem Holzspieß etwas zusammen und drehe sie wie einen Weihnachtsbaum rundherum auseinander.

6. Stecke schließlich das stumpfe Ende des Spießes neben dem Apfelstiel fest in einen Apfel. Fertig ist der Weihnachtsbaum!

1 2 3

39

DU BRAUCHST

- Verschiedene grüne Papiersorten
- Holz-Schaschlikspieße
- Schere
- Äpfel

TIPP:

Du kannst die Papierbäumchen auch aufhängen. Lass den Apfel weg und binde eine Schnur an das obere Ende des Schaschlikspießes.

WEIHNACHTSGIRLANDEN

Mit hübschen Weihnachtsgirlanden wird es bei euch überall schön festlich. Dekoriere mit ihnen Wände, Fenster, Treppengeländer, den Adventskranz oder auch den Weihnachtsbaum.

KNALLIGE TANNENZAPFENGIRLANDE: SO GEHT'S

1. Sammle 10–15 Tannenzapfen und male sie zuerst deckend mit weißer Wandfarbe oder Bastelfarbe an. Tupfe die Farbe mit dem Pinsel auch in die Zwischenräume. Mit solch einer Grundierung leuchten die danach aufgetragenen Farben richtig schön!

2. Wenn die weiße Farbe getrocknet ist, folgt der Anstrich mit der Neon-Bastelfarbe. Pinsele den kompletten Tannenzapfen an oder nur die Spitzen der Zapfen. Experimentiere herum! Wenn du magst, kannst du die weiße Grundierung auch weglassen.

3. Binde die bemalten Tannenzapfen an einer Schnur fest und knote an die Enden jeweils eine Schlaufe zum Aufhängen.

1 2 3

40

DU BRAUCHST

Für die Tannenzapfengirlande:

- Tannenzapfen
- Weiße Wand- oder Bastelfarbe
- Bunte Bastelfarbe, hier Neon
- Einen Pinsel mit langen festen Borsten
- Eine feste Schnur

Für den Schneevorhang:

- Wattebäusche oder kleine Watte- oder Styroporkugeln (aus dem Bastelladen)
- Nadel und Faden
- Schere
- Klebeband

SCHNEEVORHANG: SO GEHT'S

1. Zupfe die Watte locker auseinander, nimm etwas davon und rolle daraus zwischen den Handflächen eine kleine Kugel. Davon brauchst du sehr viele. Je mehr du herstellst, desto größer wird der Schneevorhang.

2. Fädle die einzelnen Kugeln mit der Nadel nacheinander auf einen Faden. Lass etwas Abstand zwischen den einzelnen „Schneeflocken". Auch feste Watte- oder Styroporkugeln kannst du mit der Nadel auffädeln.

3. Reihe einige Schneeflocken-Schnüre nebeneinander auf und klebe sie mit Klebeband oben an den Fensterrahmen.

SALZTEIG-ANHÄNGER

Teig ausrollen, Plätzchen ausstechen und backen – das gehört einfach zur Weihnachtszeit dazu und mag so gut wie jeder. Diese hübschen Plätzchen sind allerdings nicht zum Essen da, dekoriere mit ihnen euren Weihnachtsbaum!

SO GEHT'S

1. Gib Mehl, Salz, Wasser und Öl in den angegebenen Mengen in eine große Schüssel und verknete alles zu einem festen Teigkloß.

2. Wenn du möchtest, dass der Teig pastellfarben ist, gibst du etwas Lebensmittelfarbe dazu und verknetest sie gut mit dem Teig.

3. Streue etwas Mehl auf die Arbeitsfläche und rolle den Teig mit einem Nudelholz ca. 0,5 cm dick aus. Ist der Teig zu klebrig, gib noch etwas Mehl hinzu.

4. Steche nun mit schönen weihnachtlichen Ausstechförmchen dicht an dicht Kekse aus dem Teig aus. Knete Teigreste wieder zu einem glatten Teig und rolle ihn erneut zum Ausstechen aus.

5. Steche für die Aufhängung mit einem Holzspieß oder einer Stricknadel oben ein Loch in den Teig.

41

DU BRAUCHST

- 2 Tassen Mehl
- 1 Tasse Salz
- 1 Tasse Wasser
- 1 EL Pflanzenöl
- Ggf. Lebensmittelfarbe
- Ausstechförmchen
- Holzspieß oder Stricknadel
- Feste Schnur

6. Lege die salzigen Kekse auf ein Backblech und trockne sie bei 50 Grad eine Stunde lang im Backofen. Du kannst sie auch an der Luft trocknen lassen, das dauert jedoch mehrere Tage.

7. Wenn der Teig durchgetrocknet ist, ziehst du eine kleine Schnur durch das Loch und verknotest die Enden.

TIPP:

Bemale die fertig gebackenen Salzteig-Anhänger oder -Figuren mit Bastelfarbe knallig bunt oder bestreiche sie mit Bastelleim und beglitzere sie.

GENÄHTE WEIHNACHTSKUGELN

Wenn du schon etwas Erfahrung mit der Nähmaschine hast, sind diese Papierkugeln ruckzuck damit genäht. Falls nicht, ist das natürlich gar kein Problem. Dann verwendest du einfach Nadel und Faden.

SO GEHT'S

1. Zeichne mit einer Tasse oder einem Eierbecher – je nachdem, wie groß die Kugeln sein sollen – 6–8 Kreise auf das Papier.

2. Schneide die Kreise aus und lege sie übereinander.

3. Fädle einen Faden in eine Nadel und nähe damit die übereinanderliegenden Kreise mit Vorstichen (siehe S. 6) in der Mitte zusammen. Wenn du mit der Nähmaschine vertraut bist, kannst du dies auch mit ihr erledigen. Lass etwas Faden zum Aufhängen überstehen.

4. Drehe und knicke jetzt vorsichtig die zusammengenähten Kreise gleichmäßig zu einer Kugel.

5. Wenn du mehrere Kugeln hintereinander auf einen Faden nähst, dann hast du im Nu eine schöne Girlande.

42

DU BRAUCHST

- Gold- oder Silberfolie oder buntes Papier
- Schere
- Nähnadel und Faden oder eine Nähmaschine

TIPP:

Auch andere Formen sehen toll aus, zum Beispiel Sterne, Tropfen, Blumen oder Herzen (siehe Schablone auf S. 123). Suche dir eine Schablone, etwa einen sternförmigen Keksausstecher, und nähe die Papierformen nach dem gleichen Prinzip in der Mitte zusammen.

PAPIER-GLÜCKSKEKSE

Was wird uns das neue Jahr wohl bringen? Manche gießen an Silvester Blei, um das zu erfahren – du bastelst Glückskekse aus Papier mit lustigen Sprüchen und Voraussagen und sorgst so nebenbei für gute Stimmung.

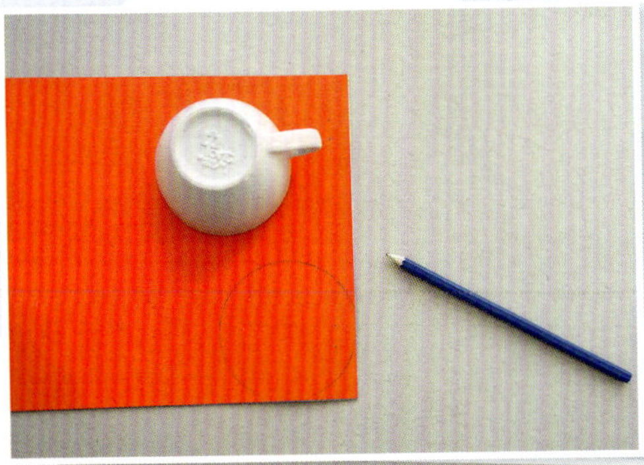

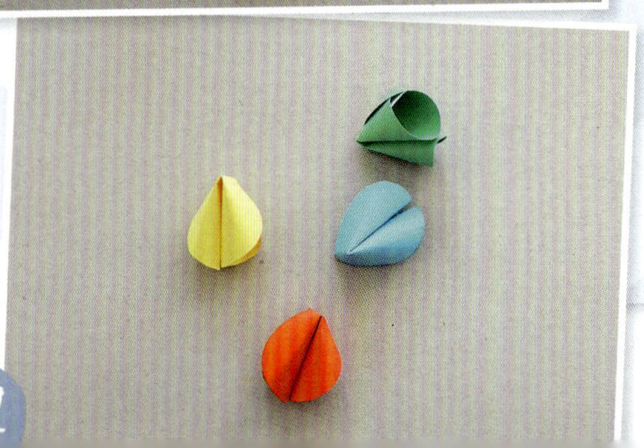

SO GEHT'S

1. Denk dir ein paar lustige Sprüche und Weisheiten aus. Schneide schmale kleine Papierstreifen (ca. 4 cm lang) zurecht und schreibe jeweils einen Spruch auf jeden Streifen.

2. Zeichne mit einer Tasse oder einem Becher mehrere Kreise auf das bunte Papier. Fahre mit dem Bleistift dazu am Rand entlang. Schneide dann die Kreise mit der Schere aus.

3. Nimm einen Papierkreis, rolle ihn etwas zusammen und lege einen Spruch hinein.

4. Drücke den gerollten Papierkreis mit dem Spruch in der Mitte etwas zusammen und knicke ihn.

5. Damit beide Enden zusammenhalten, klebst du sie mit einem Tropfen Klebstoff aneinander.

6. Fülle die Glückskekse in eine Schale oder verteile sie dekorativ auf einer Decke und lass jeden Gast auf eurer Silvesterparty einen davon ziehen.

1 2 3

43

DU BRAUCHST

- Buntes Tonpapier
- Bleistift
- Weißes Papier
- Schere
- Klebstoff

Ein Tag ohne Lächeln ist ein verlorener Tag.

Deine Oma wünscht sich einen Brief von dir.

Wer seinen Schatten fangen will, muss das Licht ausmachen.

Alles, was du anfasst, wird zu Gold.

Sage jemandem, dass du ihn magst.

Finde ein Abenteuer – oder das Abenteuer findet dich.

EWIGER KALENDER

Sobald das neue Jahr beginnt, brauchst du einen neuen Kalender. Oder auch nicht! Bastle dir und deinen Freundinnen und Freunden diesen ewigen Kalender und ihr könnt ihn Jahr für Jahr wiederverwenden.

SO GEHT'S

1. Zeichne mit Bleistift und Lineal Linien im Abstand von je 10 cm auf das Papier.

2. Zcichne dann mit Bleistift und Lineal Linien im Abstand von je 8 cm quer zu den anderen Linien auf das Papier.

3. Schneide die aufgezeichneten Rechtecke entlang der Linien aus. Insgesamt benötigst du etwa 50 Zettel.

4. Lege immer mehrere Zettel aufeinander und loche sie an der langen Seite gleichmäßig mit einem Bürolocher.

5. Nun gestaltest du die Zettel:
- 31 Zettel für die Tage eines Monats
- 12 Zettel für die Monate (Januar bis Dezember)
- ca. 7 Zettel für die Jahreszahlen

(Natürlich kannst du auch mehr basteln, dann hält der Kalender länger.)

Die Zahlen und Monatsnamen kannst du mit Filz- oder Buntstiften aufmalen oder aus Zeitschriften ausschneiden und aufkleben. Gestalte sie ganz nach deinem Geschmack!

1 2 3

44

DU BRAUCHST

- Einen ca. 40 cm langen Holzstab oder glatten Ast
- Buntes festes Papier (z.B. Fotokarton, Papier aus Zeitschriften oder auch alte Postkarten)
- Bleistift und Lineal
- Schere
- Bürolocher
- Filz- oder Buntstifte
- 8 verschließbare Metallringe (Bastelladen oder Schlüsseldienst)
- Paketschnur

6. Wenn alle Zettel fertig sind, legst du sie in drei Stapeln in der richtigen Reihenfolge aufeinander: bei den Tagen die Zahlen 1 bis 31, bei den Monaten Januar bis Dezember, bei den Jahren 2021 und die Folgejahre. Fädle der Reihe nach Metallringe durch die Lochungen und verschließe sie anschließend.

7. Schiebe den Holzstab oder Ast durch die Ringe und zwar von rechts nach links in dieser Reihenfolge: als erstes die Jahreszahl, dann die Monate, zum Schluss die Tage.

8. Knote zum Aufhängen des Kalenders die Enden einer ca. 60 cm langen Paketschnur an beide Enden des Holzstabs oder Astes.

TIPP:

Du kannst dir auch einen kleinen Block mit buntem Papier kaufen oder Origamipapier, dann musst du die Zettel nicht alle einzeln ausschneiden. Achte beim Einkauf darauf, dass mindestens eine Seite 10 cm lang ist, damit du die Papiere lochen kannst.

BUNTE EISKUGELN

Diese bunten Eiskugeln sind draußen im winterlichen Garten die absoluten Hingucker! Verteile die eisigen Kugeln im Schnee: am Eingang, draußen auf den Fensterbänken oder auf der Terrasse. Sorge dann dafür, dass sie schön beleuchtet werden.

SO GEHT'S

1. Fülle ca. 500 ml Leitungswasser in eine weiche Plastikflasche. Färbe das Wasser mit ein paar Tropfen Lebensmittel- oder Wasserfarbe ein.

2. Stülpe einen Luftballon über die Flaschenöffnung. Halte beides über ein Handtuch, drehe die Flasche auf den Kopf und drücke das eingefärbte Wasser aus der Flasche in den Ballon. Achte darauf, dass er nicht zu groß wird, sonst reißt er!

3. Drehe dann die Flasche wieder um. Halte dabei den Ballonhals zu, zieh den Luftballon vorsichtig vom Flaschenhals und verschließe ihn mit einem Knoten.

4. Lege den Luftballon in ein passendes Schälchen, damit die Eiskugel schön rund wird. Der Ballon schmiegt sich an die Rundung und behält seine Form.

5. Jetzt stellst du deine Ballon-Schälchen zum Frieren über Nacht in den Eisschrank, oder – wenn es draußen frostig kalt ist – einfach auf den Balkon oder die Terrasse.

6. Am nächsten Tag sind deine Eiskugeln fertig. Schneide die Ballons ein und ziehe sie vom Eis.

45

DU BRAUCHST

- Luftballons
- Runde glatte Schälchen
- Wasser
- Trichter
- Lebensmittel- oder Wasserfarbe

TIPP:

Besonders toll sehen Eislichter im Schnee aus. Lass Wasser in einer Gugelhupfform gefrieren. Übergieße die Form anschließend mit warmem Wasser und löse so das Eis heraus. Stelle dann ein LED-Teelicht in das Loch in der Mitte und bringe die Eisform zum Leuchten.

KEKSE FÜR VÖGEL

Ob Meisen, Finken oder Spatzen – Vögel freuen sich im Winter über etwas Leckeres und Nahrhaftes im Garten. Hänge doch ein paar sättigende Vogelkekse auf und beobachte die Tiere, wenn sie auf einen Happs vorbeikommen.

SO GEHT'S

1. Lege die Ausstechförmchen auf ein Stück Backpapier oder Alufolie. Eine Portion ergibt ca. 5–7 Kekse. Du kannst auch kleine Donut- oder Muffinbackformen verwenden.

2. Schneide mehrere ca. 12 cm lange Fäden von der Paketschnur ab und knote sie zu einer Schlaufe.

3. Verrühre die Gelatine mit dem kalten Wasser in einem kleinen Topf und lass sie 5 Minuten quellen. Erhitze dann die gequollene Gelatine bei niedriger Temperatur auf dem Herd und löse sie so auf. Rühre dabei die ganze Zeit mit einem Schneebesen um, damit sich die Gelatine nicht absetzt. Lass dir hierbei von einem Erwachsenen helfen.

4. Gib das Vogelfutter zur aufgelösten Gelatine und verrühre beides gut miteinander. Die Körner müssen schön mit der Gelatine überzogen sein. Jetzt musst du zügig weiter arbeiten, weil die Gelatine schnell fest wird.

1 2 3

46

DU BRAUCHST

- Ausstechförmchen oder Donut- bzw. Muffinbackformen
- Backpapier oder Alufolie
- Paketband
- 2 Päckchen gemahlene Gelatine
- 10 EL kaltes Wasser
- Schneebesen
- 2 Tassen gemischtes Vogelfutter
- Schere

5. Fülle mit einem Esslöffel die Körnermischung bis zur Hälfte in die vorbereiteten Formen. Lege dann in jede Form eine der Schlaufen und fülle noch eine Lage Vogelfutter darauf. Drücke die Masse schön fest mit den Fingern an.

6. Stelle die Vogelkekse kalt und lass sie für ein paar Stunden fest werden. Löse dann die Kekse aus der Form und verteile sie draußen in Bäumen und Büschen. Vielleicht gelingt es dir, ein paar Fotos zu machen, wie sich die Vögel darüber hermachen.

DEINE KOCHSCHÜRZE

Selbst ist der Koch: Wer in der Küche werkeln möchte, braucht dazu eine praktische Kochschürze – und die nähst du ruckzuck mit ein paar Stichen aus einem großen Geschirrtuch. An die Kochlöffel, fertig, los!

SO GEHT'S

1. Schneide von dem Ripsband einen Meter ab und knicke es in der Mitte.

2. Stecke das geknickte Stück durch die Aufhängerschlaufe des Handtuchs und ziehe die Enden hindurch. Fertig ist das Nackenband. Die Bandenden knotest du später im Nacken zu einer Schleife.

3. Falte das restliche Ripsband mittig und schneide es im Knick in zwei gleich lange Stücke (je 60 cm). Mit diesen Bändern verschließt du die Schürze später auf dem Rücken. Nähe je ein Ripsband rechts und links ungefähr 25 cm von der oberen Kante entfernt an das Geschirrtuch. Lege das Bandende dazu unter den Stoff und nähe es am Rand des Tuchs entlang mit kleinen festen Stichen an den Stoff.

4. Knicke oder bügle jetzt die beiden oberen Ecken nach innen. Fertig ist die Schürze!

1 2 3

47

DU BRAUCHST

- Ein Geschirrtuch (mind. 45 cm x 65 cm)
- 2,2 m Ripsband (1–2 cm breit, aus der Kurzwarenabteilung im Kaufhaus)
- Schere
- Nähgarn und Nähnadel

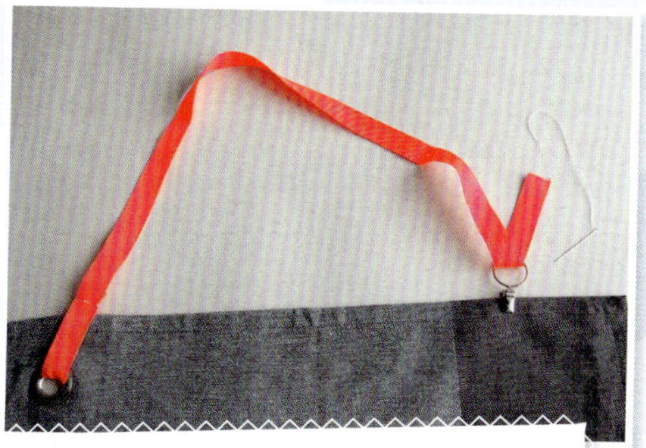

TIPPS:

Auch wenn sich die Aufhängung deines Geschirrtuchs an der Ecke befindet, fädelst du hier das Nackenband ein. Knicke das Bandende um und nähe es mit ein paar festen Stichen um.

Probiere nun aus, wie lang das Nackenband sein soll. Knote oder nähe dann das Bandende an einen Handtuchclip und befestige mit ihm das Nackenband am Stoff.

Die Schürze kann mit Textilfarbe bedruckt werden, z.B. mit Kartoffeldruck.

KNUSPERRIEGEL

Du liebst Knusperriegel über alles? Prima, denn aus verschiedenen Körnern, Nüssen und getrockneten Früchten kannst du ganz einfach deinen eigenen leckeren Pausensnack herstellen. Hier ist das Rezept!

SO GEHT'S

1. Lege ein Backblech mit Backpapier aus. Heize den Backofen auf 100 Grad vor. Lass dir dabei von einem Erwachsenen helfen.

2. Gib Butter, Honig und Zucker in einen Topf und erhitze alles. Lass die Flüssigkeit ein paar Minuten kochen, bis sich der Zucker aufgelöst hat.

3. Füge die restlichen Zutaten hinzu und rühre alles mit einem Löffel gut um. Der Teig muss krümelig klebrig sein. Ist er zu trocken, dann gib noch einen Löffel Honig hinzu.

4. Verteile die kernige Masse gleichmäßig auf dem Backblech und drücke sie mit einem Nudelholz fest.

5. Schneide mit einem Messer die Riegel auf der Teigplatte vor, so kannst du später die Stücke einfacher auseinanderbrechen.

6. Schiebe das Blech in den vorgeheizten Ofen und backe die Masse 30 Minuten. Lass die Knusperriegelplatte danach etwas auskühlen und breche oder schneide die einzelnen Riegel anschließend auseinander.

48

DU BRAUCHST

- 75 g Butter
- 4 EL Honig
- 150 g braunen Zucker
- 300 g Müsli oder kernige Haferflocken
- 150 g gehackte Nüsse (Haselnüsse, Mandeln, Walnüsse, ungesalzene Erdnüsse, Kokosflocken)
- 150 g ganze Kerne (Sonnenblumenkerne, Sesam)
- 1 TL Zimt
- Einen kleinen Kochtopf
- Backblech und Backpapier
- Nudelholz
- Messer

TIPP:

Du kannst dir deine ganz eigenen Knusperriegel ausdenken. Füge einfach andere Körner oder Trockenfrüchte hinzu. Wichtig ist nur, dass die Grammzahl beibehalten wird. Diese Riegel schmecken natürlich auch mit Schokoladenüberzug. Schmelze Kuchenglasur in einem Wasserbad. Verteile die einzelnen Müsliriegel auf Backpapier. Verteile mit einem Löffel die flüssige Schokolade gleichmäßig auf den Riegeln.

GEFILZTE BILDER

Mit einer Filznadel kannst du Bilder auf Stoff „malen“. Die spezielle Nadel verbindet die Filzwolle mit dem Stoff. Warum filzt du dir nicht eine kleine Galerie mit süßen Tierköpfen oder auch anderen selbst ausgedachten Motiven?

SO GEHT'S

1. Schraube den Stickrahmen auseinander und lege das Stück Stoff glatt über den kleineren Ring. Lege den größeren Ring darüber, sodass der Stoff rundherum zwischen den beiden Ringen eingeklemmt wird. Achte darauf, dass der Stoff glatt und stramm eingespannt ist. Drehe dann die Schraube am größeren Rahmen wieder fest zu.

2. Damit die Nadel nicht abbricht, verwendest du als Unterlage zum Nadelfilzen (siehe S. 9) einen Schwamm oder ein Stück Schaumstoff. Lege den Stickrahmen mit dem Stoff darauf.

Ziehe ein Büschel Haarfasern aus dem Wollstrang und rolle es zwischen den Händen zu einer kleinen flachen Kugel in der Größe des Gesichts (siehe Schablone auf S. 122). Lege die Wolle auf den Stoff.

3. Stich nun immer wieder mit der Nadel durch Wolle und Stoff bis in den Schaumstoff. Du wirst sehen, dass sich die Wolle nach kurzer Zeit verfestigt und mit dem Stoffuntergrund verbindet.

49

DU BRAUCHST

- Ein Stück Stoff (20 cm x 20 cm)
- Schere
- Stickrahmen, Durchmesser ungefähr 10–15 cm (aus dem Bastelladen)
- Bleistift
- Filzwolle und -nadel (Bastelladen)
- Feste Arbeitshandschuhe, z.B. Skihandschuhe
- Schwamm oder ein Stück Schaumstoff

4. Lege auch für die Ohren kleine Wollkügelchen auf den Stoff und filze sie fest.

5. Für Augen, Mund und Nasen kannst du entweder kleine Perlen oder Knöpfe aufnähen und sie mit Stickgarn aufsticken.

6. Auf der Stoffrückseite kannst du gut erkennen, wie sich die Filzwolle mit dem Stoff verbunden hat. Schneide zuletzt den überstehenden Stoff mit einer Schere rundherum ab.

TIPP:

Du kannst auf dieselbe Weise auch ein Motiv, zum Beispiel ein Herz, deinen Namen oder Pünktchen, auf ein Kissen, auf ein T-Shirt, einen Stoffbeutel und andere Gegenstände aus Stoff filzen.

BUNTE PARTYGIRLANDE

Jetzt dauert es nicht mehr lange, und Fasching ist da! Für diese Feier – oder auch den nächsten Geburtstag – brauchst du eine schöne Dekoration. Luftballons und Girlanden dürfen auf keinen Fall fehlen.

SO GEHT'S

1. Schneide die Stoffreste in viele 1,5–2 cm breite Streifen.

2. Auch Geschenk- und Stoffbänder kannst du verwenden. Suche dir eine schöne passende Farbkombination aus verschiedenen Bändern heraus.

3. Schneide die Schnur in der gewünschten Länge deiner Girlande ab (hier 2 m). Lege ein Ende eines Stoffstreifens unter die Schnur und mache einen Knoten darum. Es ist viel einfacher, mit einem langen Stoffstreifen einen Knoten zu machen als mit einem kurzen.

4. Schneide die Schleife vom Band ab. Knote so mit einigem Abstand einen kleinen Streifen neben den anderen auf die Schnur. Je bunter die Girlande wird, desto besser!

5. Wenn du die Schnur dekoriert hast, knotest du in beide Ende je eine Schlaufe zum Aufhängen. Schneide die Schleifen alle auf eine Länge von ca. 3 cm.

50

DU BRAUCHST

- Baumwollstoffreste, Stoff- oder Geschenkbänder
- Schere
- Paketband oder andere feste Schnur

TIPP:

Wenn der Baumwollstoff eine gerade Stoffkante hat, kannst du ihn auch in Streifen reißen (S. 8). Dafür schneidest du mit der Schere einen kleinen Schlitz in den Stoff. Halte den Stoff mit der einen Hand fest, ziehe kräftig am Stoffzipfel und reiße den Stoff mit Kraft bis zum Ende durch.

BUNTE FASCHINGSMASKEN

Wenn du Fasching feiern und dich verkleiden möchtest, macht eine passende Maske das Kostüm perfekt. Egal ob du Katze, Vogel, Frosch, Minion oder Batman sein willst – bastle dir deine eigene tolle Maske.

SO GEHT'S

1. Zeichne, wie in der Anleitung auf S. 7 beschrieben, die Schablone auf S. 124 oder S. 125 durch und stelle dir aus Papier ein Schnittmuster her.

2. Lege die Schablone auf das Moosgummi und zeichne sie entlang der Kante nach.

3. Schneide die Maske mit der Schere aus.

4. Stanze mit dem Locher oder einer Lochzange am linken und rechten Rand je ein Loch in die Maske.

5. Schneide mit der Schere ein 30 cm langes Gummiband ab und knote die Enden in den beiden gestanzten Löchern fest.

6. Jetzt geht's ans Dekorieren: Beklebe die Masken ganz nach deinem Geschmack, z. B. mit selbstklebenden Glitzersteinen oder Federn.

51

DU BRAUCHST

- Moosgummi-Matte (DIN A4)
- Schablone (siehe S. 124/125)
- Bleistift
- Schere
- Locher oder Lochzange
- Gummiband
- Glitzersteine, Federn oder anderen Schmuck
- Kleber

TIPP:

Natürlich kannst du die Form und Größe der Masken abändern. Passe die Schablone entsprechend an. Probiere sie am besten vor dem Spiegel aus, bevor du die Maske überträgst und aus Moosgummi zuschneidest.

JONGLIER- & KNETBÄLLE

Du möchtest etwas Neues ausprobieren? Warum nicht Jonglieren? Gehe dafür am Anfang am besten nach draußen in den Garten. Das Beste an deinem Hobby: Die Jonglierbälle kannst du einfach selbst basteln.

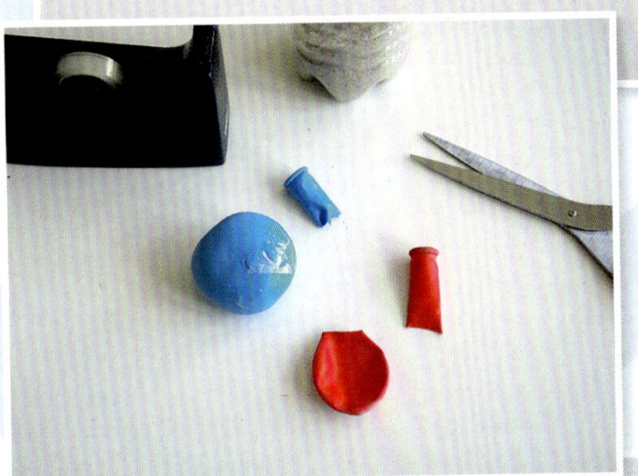

SO GEHT'S

1. Weite die Luftballons etwas, indem du sie einmal aufpustest und die Luft wieder ablässt. Fülle dann die Wasserflasche etwa zur Hälfte mit Sand und stülpe einen Luftballon über die Flaschenöffnung.

2. Drehe die Flasche auf den Kopf und drücke jetzt so viel Sand in den Ballon, bis er ungefähr so groß ist wie eine Mandarine.

3. Ziehe das Luftballon-Mundstück wieder vorsichtig von der Flasche und schneide es mit der Schere glatt ab. Verschließe die Öffnung gründlich mit Klebestreifen.

4. Schneide auch von einem zweiten Ballon das Mundstück ab, greife mit den Fingern hinein, ziehe den Ballon weit auseinander und stülpe ihn über den gefüllten Ballon. Achte darauf, dass der zweite Ballon die zugeklebte Öffnung komplett verdeckt.

1 2 3

52

DU BRAUCHST

- Gleich große, runde Luftballons (pro Ball zwei Stück)
- Schere
- Eine weiche Plastik-Wasserflasche
- Klebeband
- Trockenen Sand (oder Mehl bzw. Milchreis)

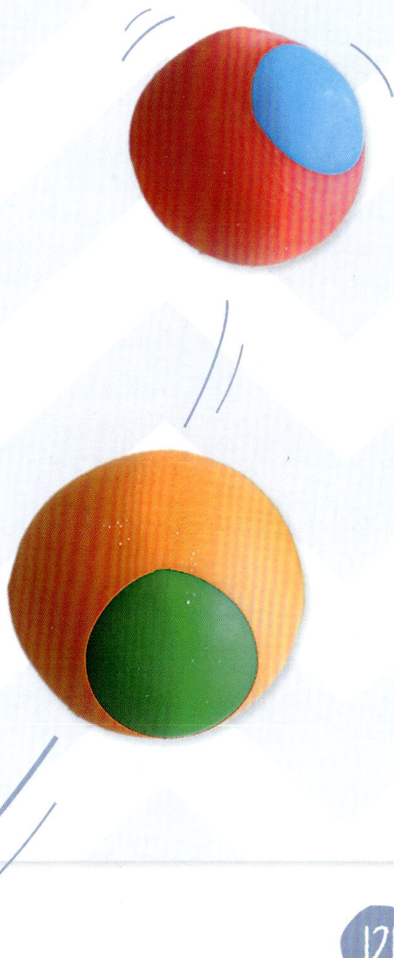

TIPP:

Um Jonglieren zu lernen, beginnst du erst einmal mit einem Ball. So bekommst du ein Gefühl dafür. Erst danach kommen weitere Bälle dazu. Im Internet findest du zahlreiche Anleitungs- und Übungsvideos. Viel Spaß!

VORLAGEN ZUM DURCHPAUSEN

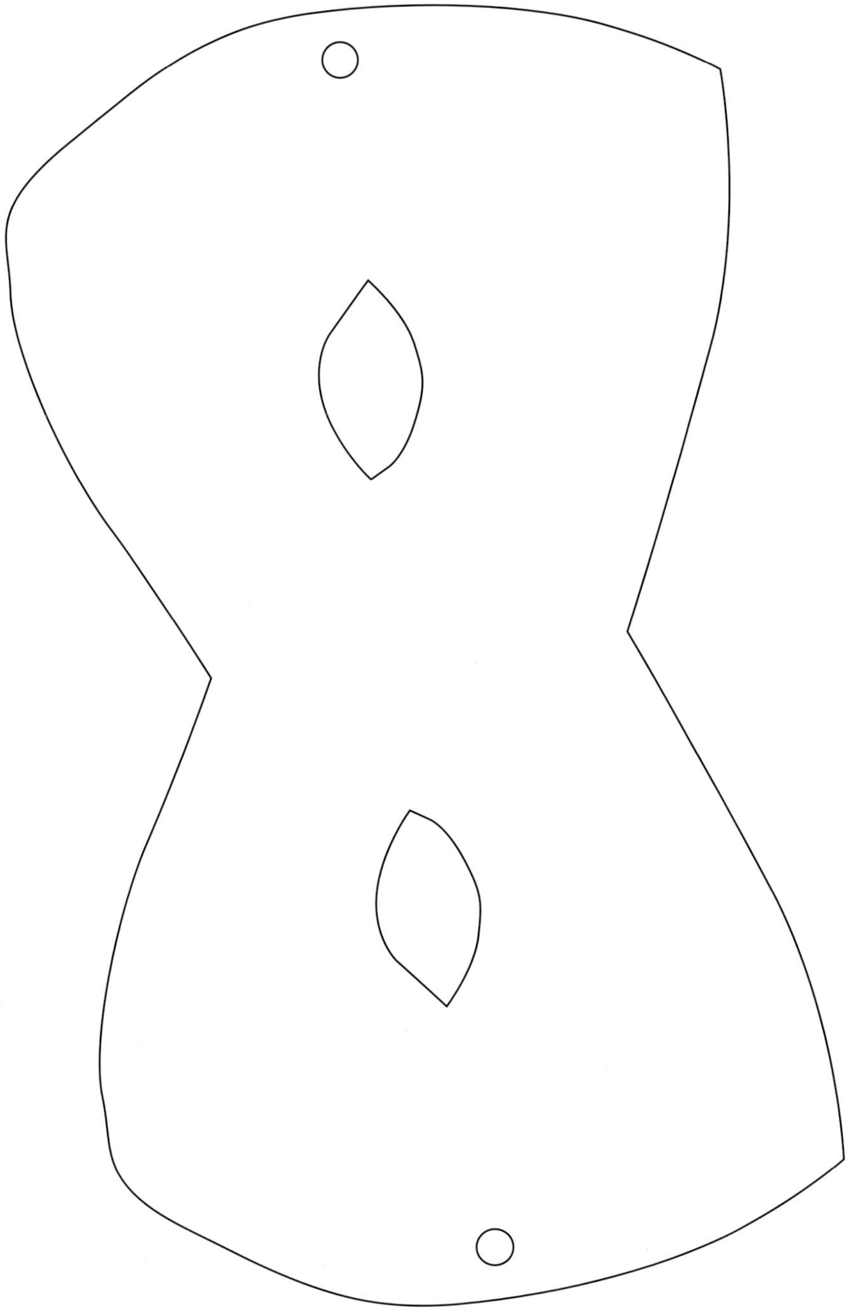

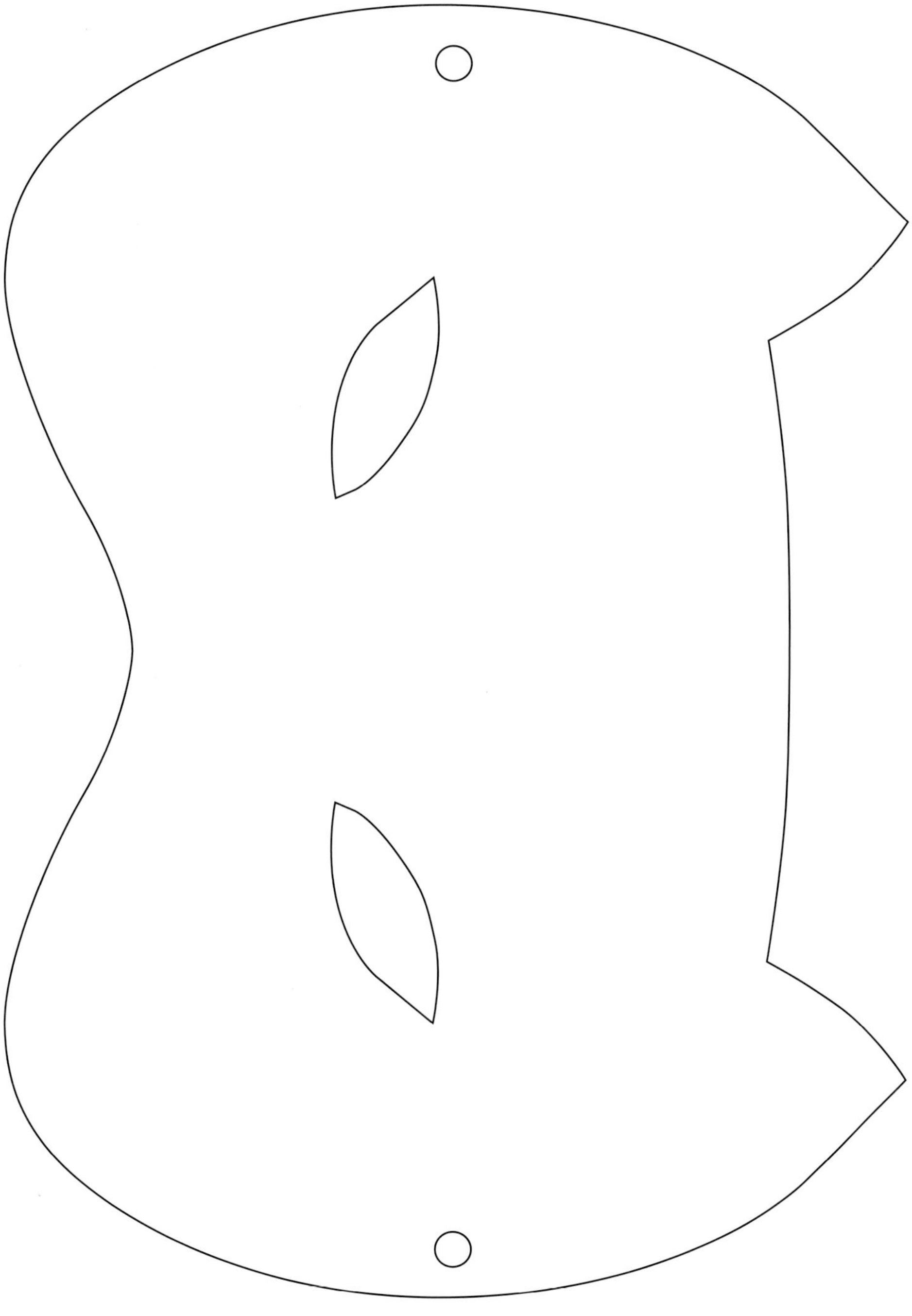

DANKSAGUNG

Marlies Schiller

Als Allererstes bedanke ich mich bei meiner Familie – fürs Mitbasteln, Mithelfen, Model stehen und technische Hilfe im Notfall. Auch haben sie viel Geduld mit dem Bastelchaos in der ganzen Wohnung aufgebracht ;-). Wo gehobelt wird, fallen ja bekanntlich auch Späne.

Und ich bedanke mich auch bei den vielen Kindern und Jugendlichen, mit denen ich in den vergangenen Jahren zusammen basteln durfte. Gemeinsam haben wir in Kursen und Workshops schöne Basteleien und tolle Projekte geschaffen. Wie Albert Einstein schon erkannte: Kreativität ist ansteckend. Deshalb macht das gemeinsame Basteln und Werkeln auch besonders viel Spaß: sich gegenseitig anregen und von guten Gefühlen und Ideen anstecken lassen.

Ein großer Dank geht auch an die Firmen Rayher und Rico, die mich über die Jahre immer wieder mit tollen Bastelmaterialien und Werkzeugen unterstützt haben.

Zu guter Letzt noch ein herzliches Dankeschön für die gute und reibungslose Zusammenarbeit an das Team vom Christophorus Verlag, gemeinsam haben wir dieses schöne Buch herausgebracht.

Also, Kleber und Schere gezückt, denn Basteln macht glücklich!!!

Marlies Schiller

Ebenfalls erhältlich ...

ISBN 978-3-8388-3671-3

ISBN 978-3-8388-3766-6

ISBN 978-3-8388-3564-8

ISBN 978-3-8388-3515-0

ISBN 978-3-8388-3556-3

ISBN 978-3-8388-3573-0

www.christophorus-verlag.de

IMPRESSUM

Konzept, Text und Realisation: Marlies Schiller
Fotos: Marlies Schiller
Verantwortlich: Claudia Hohdorf
Redaktion: Anne Köhler
Korrektorat: Eva Ebenhoch
Umschlaggestaltung: Regina Degenkolbe
Layout: Lena Schmid, ISM Mediendesign
Repro: LUDWIG:media
Herstellung: Stephanie Schlemmer
Printed in Turkey by Elma Basim

★★★★★

Sind Sie mit diesem Titel zufrieden? Dann würden wir uns über Ihre Weiterempfehlung freuen. Erzählen Sie es im Freundeskreis, berichten Sie Ihrem Buchhändler oder bewerten Sie beim Onlinekauf. Und wenn Sie Kritik, Korrekturen oder Aktualisierungen haben, freuen wir uns über Ihre Nachricht an Christophorus Verlag, Postfach 40 02 09, D-80702 München oder per E-Mail an lektorat@verlagshaus.de.

Unser komplettes Programm finden Sie unter

www.christophorus-verlag.de

Shutterstock:
S. 5–121: Nikolaeva, 309519221
S. 9: Brum, 360265808
S. 2–37: mypatc, 585510149
S. 40–65: Rolau Elena, 365421344
S. 68–85: AKorkmaz, 1292576515
S. 88–121: popular business, 158277008

Die Deutsche Nationalbibliothek verzeichnet diese Publikation in der Deutschen Nationalbibliografie; detaillierte bibliografische Daten sind im Internet über http://dnb.d-nb.de abrufbar.

3. Auflage 2023

Infanteriestraße 11a
80797 München

ISBN 978-3-8410-6637-4

Kreativ-Service

Sie haben Fragen zu den Büchern und Materialien? Frau Erika Noll ist für Sie da und berät Sie rund um alle Kreativthemen. Rufen Sie an! Wir interessieren uns auch für Ihre eigenen Ideen und Anregungen. Sie erreichen Frau Noll per E-Mail: mail@kreativ-service.info oder Tel.: +49 (0) 5052/911858

Besuchen Sie uns im Internet: www.christophorus-verlag.de